OFÍCIO DE ESCREVER

Frei Betto

OFÍCIO DE ESCREVER

Copyright © 2017 *by* Frei Betto

Agradecimentos são feitos a seguir: Adélia Prado pelas citações dos diferentes poemas que aparecem no capítulo "Adélia nos prados do Senhor". Reproduzidos com sua autorização. Gilberto Gil pela reprodução da letra da música de sua autoria, "Se eu quiser falar com Deus". Reproduzida com autorização da Gege Edições / Preta Music (EUA & Canadá).

ANFITEATRO
O selo de ideias e debates da Editora Rocco Ltda.

Direitos para a língua portuguesa reservados
com exclusividade para o Brasil à
EDITORA ROCCO LTDA.
Av. Presidente Wilson, 231 – 8º andar
20030-021 – Rio de Janeiro, RJ
Tel.: (21) 3525-2000 – Fax: (21) 3525-2001
rocco@rocco.com.br
www.rocco.com.br

Printed in Brazil/Impresso no Brasil

Preparação de originais
MARIA HELENA GUIMARÃES PEREIRA

CIP-Brasil. Catalogação na fonte.
Sindicato Nacional dos Editores de Livros, RJ.

B466o

Betto, Frei, 1944-
  Ofício de escrever / Frei Betto. – 1ª ed. – Rio de Janeiro: Anfiteatro, 2017.

  ISBN: 978-85-69474-27-2 (brochura)
  ISBN: 978-85-69474-29-6 (e-book)

  1. Literatura e sociedade. 2. Literatura – Filosofia. I. Título.

17-39489
CDD–801
CDU–82.09

O texto deste livro obedece às normas do
Acordo Ortográfico da Língua Portuguesa.

A Socorro Acioli,
que faz do ofício de escrever uma arte.

ÍNDICE

I. Do ofício de escrever

   Por que escrevo?.. 11
   Escrever é expor as entranhas................................. 22
   Confissões de um escritor.. 24
   Criação literária... 28
   Retiro literário... 31
   Não escrevo prefácios.. 34
   O enigma do chapéu.. 37
   O leopardo... 40
   Palavra contém palavras... 43
   Arte da palavra.. 45
   Magia e milagre da palavra...................................... 49
   Bartô, o mago da palavra.. 52
   Ritual mágico... 57

II. Literatura e espiritualidade

   Literatura e experiência de Deus............................ 63
   Espiritualidade e poesia.. 67
   Adélia nos prados do Senhor.................................. 77
   Quarta-feira de Cinzas de T.S. Eliot..................... 87

III. Literatura e política

Voos literários de Saint-Exupéry 93
Literatura como subversão 97
A razão crítica de Cervantes através da loucura
de Dom Quixote 109
Dois gênios em festa no céu 116

IV. Aprender a ler

Brasil literário 121
Feiras do livro 124
Educar o olhar 129
Comunicação: diálogo entre emissor e receptor ... 132
O companheiro que não gostava de ler 141

Eu, o livro 152

Bibliografia 155

Obras de Frei Betto 157

Palavra final 173

I. DO OFÍCIO DE ESCREVER

POR QUE ESCREVO?

> *A literatura é um aspecto orgânico da civilização.*
>
> ANTONIO CANDIDO

Eis uma pergunta que me faço. E para a qual não tenho resposta, como diria Descartes, clara e distinta. Incluído este, escrevi 60 livros ao longo de 45 anos, fora aqueles nos quais participo como coautor. Redijo de sete a oito artigos jornalísticos por mês. E... por que escrevo? Trago uma multiplicidade de hipóteses não excludentes.

Escrevo para constituir a minha própria identidade. A identidade é o reflexo de um jogo de espelhos. Se pais e mestres me tivessem incutido que sou incompetente para as letras, e não me restasse alternativa senão trabalhar como lavador de carros, talvez hoje eu fosse um biscateiro aposentado.

No meu caso, felizmente, os espelhos reluziram em outras direções. Já trazia em mim o fator filogenético. Meu pai escrevia crônicas. Minha mãe publicou sete livros de culinária. O gato da casa não escrevia; mas, pelo jeito, gostava de ler, a julgar pelo modo como se enroscava em jornais e revistas...

Somou-se, então, o fator ontogenético. Segundo ano primário, Grupo Escolar Barão do Rio Branco, Belo Horizonte. Dona Dercy Passos, que me ensinou o código alfabético, entra em classe sobraçando nossas composições. (Beleza: composição! Promove a escrita em nível de arte poética e musical.) A professora indaga aos alunos: "Por que não fazem como o Carlos Alberto? Ele não pede aos pais para redigirem suas composições." A palavra elogiosa pinçou-me do anonimato, inflou-me o ego, trouxe-me um pouco mais de segurança no exercício redacional.

Tornei-me ávido leitor. Monteiro Lobato, coleção *Terramarear*, o *Tesouro da Juventude*. Não lia com a cabeça, e sim com os olhos. O texto se fazia espelho, e eu enxergava meu próprio rosto na face desconhecida do autor. Mais do que o conteúdo, encantavam-me a sintaxe, o modo de construir uma oração, a força dos verbos, a riqueza das expressões, a magia de encontrar o vocábulo certo para o lugar exato.

Primeira série ginasial, Colégio Dom Silvério, de irmãos maristas, Belo Horizonte. Irmão José Henriques Pereira, professor de Português, aguarda-me à saída da aula. Chama-me à parte e sentencia: "Você só não será escritor se não quiser."

Então, por que escrevo? Escrevo para lapidar esteticamente as estranhas forças que emanam do meu inconsciente. Nada me dá mais prazer na vida do que escrever. Condenado a fazê-lo, tiraria de letra a prisão perpétua, desde que pudesse produzir textos. Aos candidatos a escritor, aconselho este critério: se consegue ser feliz sem escrever, talvez sua vocação seja outra. Um verdadeiro escritor jamais será feliz fora deste ofício.

Escrevo para ser feliz. Bartheanamente, para ter prazer. Sabor do saber. Tecer textos. Tanto que, uma vez publicado, o texto já não me pertence. É como um filho que atingiu a maturidade e saiu de casa. Já não tenho domínio sobre ele. Ao contrário, são os leitores que passam a ter domínio sobre o autor e sua obra. Nesse sentido, toda escritura é uma oblação, algo que se oferta aos outros. Oferenda narcísica de quem busca superar a devastação da morte. O texto eterniza o autor.

Escrevo também para sublimar minha pulsão e dar forma e voz à babel que me povoa interiormente. A literatura é o avesso da psicanálise. Quem ocupa o divã é o leitor-analista. Deitado ou recostado, ouve nossas confidências, decifra nossos sonhos, desenha nosso perfil, apreende nossos anjos e demônios. Por isso, assim como os psicanalistas evitam relações de amizade com seus pacientes, prefiro manter-me distante dos leitores. Não sou a obra que faço. Ela é melhor e maior do que eu. No entanto, revela-me com uma transparência que jamais alcanço na conversa pessoal.

Tenho medo do olhar canibal dos leitores, como se a minha pessoa pudesse corresponder às fantasias que forjam a partir da leitura de meus textos. Tenho medo também de minha própria fragilidade.

O texto tece o tecido do meu lado avesso. Com ele me visto, nele me abrigo e agasalho. É o meu ninho encantado. Privilegiado belvedere do qual contemplo o mundo. Dali posso ajustar as lentes do código alfabético para falar de religião e política, de arte e ciências, de amor e dor. Recrio o mundo. Por isso, escrever exige certo distanciamento.

Deveria haver mosteiros nas montanhas onde os escritores pudessem se refugiar para criar. Não posso exercer meu ofício "têxtil" cercado de interrupções, telefonemas, idas e vindas, reuniões etc. Retiro-me para fazê-lo. Concordo com João Ubaldo Ribeiro quando afirma: "Escrever, para mim, é um ato íntimo, tão íntimo que não acerto escrever na frente de ninguém, a não ser em redação de jornal, que é como sauna, onde todo mundo está nu e não repara a nudez alheia."*

"No princípio era o Verbo...", proclama o prólogo do *Evangelho de João*. No fim também será. "E o Verbo se fez carne." Na arte literária, a carne – a criatividade do autor – se faz verbo. Instaura a palavra, que organiza o caos. Verbo que se faz carne e cerne e, ainda assim, permanece impronunciável,

---

* Cf. *Folha de S. Paulo*, 19 de abril de 1992.

inominável. A palavra lavra e semeia, mas seus frutos nunca são inteiramente palatáveis. Polissêmico, verbo é mistério.

"Escrevo por vaidade", confessava o poeta Augusto Frederico Schmidt. Em geral, os escritores são insuportavelmente vaidosos. Tanto que chegam a criar academias literárias para se autoconcederem o título de "imortais". Ali, a maioria sobrevive às próprias obras. Qual o autor que não atribui ao que escreve uma importância superlativa? Se o livro não vira best-seller e não é elogiado pela crítica, o autor culpa o editor, a distribuidora, o preconceito da mídia, as "panelinhas" literárias.

Ora, alguém conhece uma obra de indiscutível valor literário olvidada por ter sido impressa na gráfica do município de Caixa Prego? O que tem valor, cedo ou tarde, se impõe. O que não tem, ainda que catapultado às alturas pelos novos e milionários recursos mercadológicos, não perdura. O bom texto é aquele que deixa saudade na boca da alma. Vontade de lê-lo de novo.

Todo texto, entretanto, depende do contexto. Por isso, dois leitores têm diferentes apreciações do mesmo livro. Cada um lê a partir de seu contexto. A cabeça pensa onde os pés pisam. O contexto fornece a ótica que penetra mais ou menos na riqueza do texto. Um alemão tem mais condições de desfrutar da leitura das obras de Goethe do que um brasileiro. Este, por sua vez, ganha do alemão na incursão pelos grandes sertões e veredas de Guimarães Rosa. De meu contexto leio o texto e extraio, para a minha vida, o pretexto. Escrevo em computador. Quando busco um tratamento estético mais apurado, faço-o à mão. Hemingway escrevia de pé. Kipling, com tinta preta, em blocos de folhas azuis com margens brancas, feitos especialmente para ele. Henry James fazia esboços de cena por cena antes de iniciar um romance. Faulkner dizia "ouvir vozes" e tinha saudades dos tempos em que, empregado em um bordel, tinha as manhãs livres para escrever. Balzac tomava litros de café. Tchekhov, entre um conto e outro, atendia pacientes em seu consultório médico. Dorothy Parker confessava: "Não consigo escrever cinco palavras sem que modifique sete." Georges Simenon reagia do mesmo modo: "Corto tudo que for muito literário." Escrever é cortar palavras e modificar frases.

Aleksandr Tchekhov, irmão mais velho do famoso contista russo, também quis se tornar escritor e remetia seus originais ao irmão mais novo, Anton. Essas observações contidas nas cartas de Tchekhov ao primogênito da família são imprescindíveis a quem pretende exercer o ofício de escrever:

"(...) você dá muita ênfase à miuçalha... No entanto, você não nasceu para ser um escrevinhador subjetivo... Isto não é inato, e sim adquirido... Você tem um conto em que um jovem casal se beija, geme, chove no molhado durante todo o almoço... Nenhuma palavra sensata, mas tão somente uma *beatitude*! Você não escreveu para o leitor... Escreveu porque essa lenga-lenga lhe dá prazer. Descreva o almoço, de que maneira eles comeram, o que comeram, como é a cozinheira, como é vulgar o seu herói, satisfeito com sua felicidade indolente, como é vulgar a sua heroína, como ela é ridícula em seu amor por esse ganso bem alimentado e empanturrado, envolvido num guardanapo... Todos gostam de ver pessoas bem alimentadas e satisfeitas – isto é verdade, mas, para descrevê-las, não basta contar o que *elas* falaram e quantas vezes se beijaram... É necessário algo mais: é necessário rejeitar aquela impressão particular que a felicidade açucarada causa nas pessoas não exacerbadas... A subjetividade é uma coisa horrível. Ela já é ruim só pelo fato de denunciar o pobre autor da cabeça aos pés" (Carta de 20 de fevereiro de 1883).

"Em minha opinião, as descrições da natureza devem ser *à propos*. Lugares-comuns do tipo: 'O sol poente, ao se banhar nas ondas do mar que escurecia, inundava de ouro rubro' e assim por diante; 'as andorinhas, voando sobre a superfície da água, chilreavam alegremente' – tais lugares-comuns devem ser abandonados. Nas descrições da natureza é necessário se apegar a detalhes minúsculos, agrupando-os de tal forma que, após a leitura, quando se fechar os olhos, surja um quadro. Por exemplo, você obterá uma noite de luar se escrever que, no açude do moinho, um caco de garrafa quebrada cintilava como uma estrelinha, e a sombra negra de um cão ou de um lobo pôs-se a rodar como uma bola etc. A natureza surgirá com vida se você não tiver objeção em comparar seus fenômenos com as lições humanas etc."

"Na esfera psicológica, também os detalhes. Que Deus lhe proteja dos lugares-comuns. É melhor evitar a descrição do estado de espírito dos heróis; procure fazer com que ele seja percebido através das ações dos personagens... Não é necessário sair em busca de muitas personagens. Como centro de gravidade, deve haver duas: ele e ela..." (Carta de 10 de maio de 1886).

"Parece-me que os escritores não devem resolver questões como Deus, o pessimismo etc. O papel do escritor é apenas retratar quem falou ou pensou a respeito de Deus ou do pessimismo, de que maneira e em que circunstâncias. O artista não deve ser o juiz de seus personagens, nem do que eles falam, mas apenas uma testemunha imparcial" (Carta de 30 de maio de 1888).

"É preciso ficar escrevendo um conto durante uns cinco ou seis dias e, enquanto se escreve, pensar nele o tempo todo, pois do contrário você nunca poderá elaborar as frases. É preciso que cada frase permaneça no cérebro uns dois dias, e seja lubrificada antes de se deitar no papel. (...) sei que os manuscritos de todos os verdadeiros mestres são borrados e riscados de cabo a rabo, são surrados, cobertos de remendos que, por sua vez, são riscados e emporcalhados..." (Carta de 13 de março de 1890).

"Outro conselho: ao fazer a revisão corte, onde puder, os atributos dos substantivos e dos verbos. Você coloca tantos atributos que a atenção do leitor dificilmente se orienta e ele se cansa. É compreensível quando escrevo: 'Um homem se sentou no gramado.' É compreensível porque é claro e não retém a atenção. Ao contrário, é ininteligível e pesado para o cérebro se eu escrever: 'Um homem alto, de peito estreito, de talhe médio, barba ruiva, sentou-se sem ruído, olhando ao redor, tímida e temerosamente.' Isto não entra logo no cérebro, e a literatura deve entrar imediatamente, num segundo" (Carta de 3 de setembro de 1899).

Embora me considere ainda um aprendiz de escritor, também tenho o hábito de ler e reler inúmeras vezes o que escrevi. Procuro cortar verbos auxiliares em expressões como "estava pensando", "ficou imaginando", "era feliz". Prefiro "pensava", "imaginava", "feliz" (João, feliz, exclamou... Feliz, Maria partiu...). Caço literalmente todos os gerúndios do texto, tudo que termina em *ando*, *endo*, *indo* etc., pois acredito que isso "amolece" a escritura. E dou preferência ao verbo no infinitivo, quando ele guarda toda a sua força semântica: olhar, amanhecer, falar, agir etc. E leio, leio muito, atento ao modo como os clássicos constroem suas orações.

Enfim, escrevo para pagar contas. Livro dá dinheiro como a loteria: para poucos. Neste país de analfabetos, cujos alfabetizados não têm o hábito de leitura, e onde há muito mais farmácias que livrarias, as pequenas tiragens editoriais encarecem o custo do produto. Aqui, viver de direitos autorais é privilégio de um Jorge Amado ou de um Paulo Coelho. Meu também, guardadas as proporções. Porque tenho muitos títulos, destinados a diferentes segmentos de leitores e, como religioso e celibatário, um custo de vida relativamente reduzido. Tivesse família, seria difícil viver dos direitos autorais. Envio meus artigos semanais a cerca de vinte jornais e revistas. Raros são os que pagam.

Escrevo, enfim, para extravasar meu "sentimento de mundo", na expressão de Drummond. Tentar dizer o indizível, descrever o mistério e exercer, como artista, minha vocação de clone de Deus. Só sei dizer o mundo através das palavras. Só sei apreender este peixe sutil e indomável – o real – através da escrita. É a minha forma de oração.

Talvez, pela mesma razão, Deus tenha preferido a literatura para se expressar. Poderia tê-lo feito pela pintura ou pela escultura. Poderia ter esperado o cinema, a fotografia, a TV ou a cibernética. Escolheu o texto, a Bíblia.

Homem de fé, escrevo porque há algo de divino nesse ofício que desce às profundências do humano, tornando-as transcendentes.

Escrevo, enfim, porque não sei fazer outra coisa nem vejo motivo para deixar de fazê-lo.

Ainda assim, continuo a perguntar: por que escrevo? E tenho ânsias de confessar que, no fundo, é para impedir que se cure a loucura que, por trás dessa aparente normalidade, faz de mim um homem embriagadamente alucinado.

ESCREVER É EXPOR AS ENTRANHAS

Há livros que não convencem, carecem de cheiro de vida. Foram escritos a partir de leituras do autor. São compilações supostamente eruditas, repletas de citações e notas de rodapé para demonstrar quanta familiaridade tem o autor com os clássicos e com as sumidades que trataram do mesmo tema.

Há romances que são meros jogos de palavras recheados de cenas picantes, e nos quais se percebe claramente que o autor nada tem a dizer. Não marcam o leitor. Não suscitam inquietações.

Nietzsche afirma no prólogo de *A gaia ciência* que só se escreve bem "com os pés". Andarilho contumaz (chegava a caminhar seis horas por dia, em companhia de sua caderneta de anotações), preferia refletir a pesquisar. Sua expressão é uma boa figura de retórica, prosopopeia, para dizer que a boa literatura brota da vivência.

Para escrever é preciso estar de olhos bem abertos. Só assim se captam pequenos detalhes do cotidiano que, descritos, se transformam em peças literárias clássicas. "A vida extrapola o conceito", já dizia no século XIII meu confrade

Tomás de Aquino. Porém, a arte tem a propriedade de virar a vida pelo avesso. "O objetivo da arte não é representar a aparência exterior das coisas, mas o seu significado interior", adverte Aristóteles.

Escrever é expor as entranhas. Trazer as vísceras à luz do sol. Como fez Dostoievski, que chegou a ser condenado a se submeter a um pelotão de fuzilamento. Ou Kafka, a partir de seus conflitos com a figura paterna. E também Machado de Assis, ao decantar, graças à alquimia de seu talento, as contradições da sociedade brasileira na passagem do Império à República.

Quem se pretende escritor deve ler muito, em especial os clássicos. Eles souberam inebriar a vida com "a louca da casa", a imaginação. E precisa viver, deixar o confortável mundinho tecido de convenções medíocres e se jogar, sem medo, nas ondas intempestivas da criatividade.

Jamais tente imitar um autor. Ao criar ficção, encontre seu próprio "sotaque" literário. Escreva com o inconsciente, deixando-o "derramar" em seu consciente como leite fervido. Não se sinta competindo com outros autores. Você escreve como ninguém é capaz de fazê-lo. Pode-se copiar uma tela de Portinari ou o artesanato em barro de Mestre Vitalino. Ninguém, jamais, poderá roubar-lhe o estilo. Ouse.

CONFISSÕES DE UM ESCRITOR*

Todo escritor se encontra retido entre dois famosos títulos, *Grandes esperanças*, de Charles Dickens, e *As ilusões perdidas*, de Balzac. Um verdadeiro escritor é alguém possuído pela compulsão de escrever. Acha-se sempre grávido de uma ideia ou de uma intuição, e a sua principal luta é contra o tempo.

Este é um ofício manual que exige disciplina e dedicação. E, como alertava Camus, supõe vivência. Não se pode criar algo de valor sem ter vivido 40 anos, ainda que se tenha 15, como Alfred Jarry, ou 19, como Rimbaud. O escritor, seja ele poeta, romancista ou ensaísta, é um garimpeiro que extrai da vida o que ela traz de precioso e inquietante. Mas isso exige, como toda atividade criativa, certa ociosidade. Cercado de telefonemas e solicitações, não se pode criar algo que preste, exceto textos jornalísticos.

Escrevo como respiro: para sobreviver. Como Paulo, o apóstolo, vivo exclusivamente do trabalho de minhas mãos.

---

* Trechos de entrevista do autor a Afonso Borges, publicada em *Sinal de contradição*. Rio de Janeiro: Espaço e Tempo, 1988.

Não concebo a minha vida sem a criação literária. Ao escrever, recrio esteticamente a existência. Faço o meu garimpo.

Minha literatura incomoda e suscita polêmicas, assim como as minhas opções de vida. Embora meus textos contenham fortes elementos autobiográficos, ao menos intencionalmente não busco a admiração dos leitores. Procuro criar uma espécie de espelho no qual eles possam se ver, se re-conhecer, e através do qual vejam a realidade por uma nova óptica. Isso inclui a visão mística que tenho do real, em cuja essência pressinto Deus. Enfim, escrevo para decifrar esse enigma e encontrar um sentido, uma harmonia, para a conflitiva e complexa história que nos envolve e exige.

Nunca tive medo de escrever. Imagino que seja como uma sessão ou várias sessões de terapia. Há momentos difíceis, em que devo arrancar a ferro e fogo a verdade interior que me povoa. Não é fácil fazer a verdade emergir no texto e, no entanto, não há outro modo de escrever seriamente. Quando se blefa, cai-se na mediocridade. Todo escritor promove o leitor a seu analista. Daí essa intimidade que o leitor sente para com o autor. A ponto de enviar-lhe cartas muito pessoais. Estabelece-se uma empatia, como se o autor estivesse escrevendo exclusivamente para ele. Trata-se, de fato, de um diálogo, porque o texto suscita no leitor emoções e desafios. Roland Barthes chega a falar na força erótica da palavra. Como uma taça de vinho, a palavra artisticamente trabalhada convida à comunhão e à entrega. Desvela o nosso inconsciente.

Creio que não há nada mais irônico do que a história da crítica literária. Não há crítica, há críticos. Ou seja, cada um lê a partir dos óculos que possui. Não se pode afirmar "a *Veja* não gostou de tal livro", e sim "não gostou aquele a quem a *Veja* entregou a obra para criticá-la". Fosse outra pessoa, a *Veja* teria gostado... Há 25 séculos, Aristóteles qualificou Eurípedes de "antólogo de clichês". Em 1768, *Hamlet*, de Shakespeare, foi considerado "um drama vulgar e bárbaro... escrito por um ébrio selvagem". E quem o disse não foi nenhum desses críticos que são imediatamente atropelados pela grandeza de uma obra e sucumbem no anonimato. Foi nada menos que Voltaire. Em 1897, Bernard Shaw escreveu que *Otelo* era "puro melodrama". Proust teve os originais de sua obra-prima recusados por André Gide, editor da Gallimard. O *Correio de Odessa* publicou que *Ana Karenina*, de Tolstói, não passava de "lixo sentimental... Não há uma só página que contenha uma ideia". Quando Gustave Flaubert lançou *Madame Bovary*, *Le Figaro* afirmou, em 1857, que ele não era escritor. Zola escreveu a propósito de *As flores do mal*, de Baudelaire: "Dentro de cem anos a história da literatura francesa só mencionará esta obra como uma curiosidade." Sobre Dickens, a *Saturday Review* escreveu em 1858: "Não acreditamos na permanência de sua fama. Dentro de cinquenta anos nossos netos estranharão que seus antepassados tenham posto Dickens à cabeça dos romancistas atuais." Em 1922, o *New Statesman* falou de um jovem poeta inglês que acabava de lançar um livro: "Cita muito, parodia muito, imita muito. As paródias são baratas, e as imitações, inferiores." Tratava-se de T.S. Eliot e de sua obra *The Waste Land*. Portanto, não se pode levar a crítica muito a sério. Importam os leitores.

CRIAÇÃO LITERÁRIA

O livro é como a colher, o martelo, a roda ou a tesoura. Uma vez inventados, não podem ser aprimorados.

UMBERTO ECO

Como sublinhava Bartolomeu Campos de Queirós, tudo que existe – esta publicação, o computador, a cadeira em que me sento, o cômodo no qual me encontro – foi fantasia na mente humana antes de se tornar realidade. Daí a força da literatura de ficção. Ela também foi fantasia na mente do autor, e remete o leitor a uma realidade onírica que lhe possibilita encarar a vida com outros olhos. A fantasia impulsiona todos os nossos gestos, nossas atitudes e opções.

A ficção funciona como um espelho que faz o leitor transcender a situação em que se encontra. O texto desvela o real e impregna o leitor de motivações que o enlevam, aquele entusiasmo de que falavam os gregos antigos – estar possuído de deuses, de energias anímicas que nos devolvem ao melhor de nós mesmos.

Toda ficção, narrativa ou poética, é des-cobrimento, revelação, retirar o véu... Somos múltiplos e, ao ler, uma de nossas identidades emerge por força do encantamento suscitado pela quintessência da obra ficcional: a estética.

A literatura ficcional não tem que ser de esquerda ou de direita. Tem que ser bela. Fazer da ficção um palanque de causas é aprisioná-la numa camisa de força, transformando-a em um espelho que não reflete o leitor, reflete o autor e o seu proselitismo.

A ficção não tem de ser engajada; o escritor sim, tem o dever ético de se comprometer com a defesa dos direitos humanos neste mundo tão conflitivo e desigual.

No *Gênesis*, Javé cria o Universo pelo poder da palavra. Ele se faz palavra, manifestação que nos remete, como na obra ficcional, à transcendência (o autor sobrepassa a cotidianidade ou lhe imprime novo caráter), à transparência (o texto reflete o que está contido nas entrelinhas), à profundência (a narrativa ou o poema nos convida a algo mais profundo do que percebemos na superfície da realidade).

Ler ficção é uma experiência extática – estar em si e fora de si. Somos alçados ao imaginário, induzidos à experiência da catarse, de modo a oxigenar a nossa psique. A estética nos imprime um novo modo de encarar as coisas. Como lembra Mário Benedetti, a literatura não muda o mundo, mas sim as pessoas. E as pessoas mudam o mundo.

A estética literária nos envia ao não dito, à esfera do desejo, suscitando-nos sonhos, projetos, utopias – do encontro com o príncipe encantado (Branca de Neve) ao reencontro amoroso com a opressiva figura do pai (*A metamorfose*, de Kafka, e *Lavoura arcaica*, de Raduan Nassar). Como assinala Aristóteles, a poética completa o que falta à natureza e à vida. E toda obra literária precisa ter unidade, como um edifício do qual não se pode retirar nenhuma pedra sem afetar o conjunto. A arte não se satisfaz com o estado factual do ser. Convida-nos à diferença, à dessemelhança, ao tornar-se.

Urge suscitar em crianças e jovens o hábito da leitura, livrá-los da vida rasa, superficial, fútil, e educá-los no diálogo frequente com personagens, relatos e símbolos (a poesia) que haverão de dilatar neles a virtude da alteridade, e uma relação mais humana consigo mesmo, com o próximo, com a natureza e, quiçá, com Deus.

RETIRO LITERÁRIO

Nesse mundo atordoado, as notícias nos perseguem em todos os cantos e recantos. Solicitações se multiplicam. Retirar-se, recolher-se à solidão, estar consigo mesmo, é uma exigência espiritual e intelectual. Muitos indígenas o fazem ao passar da adolescência à idade adulta. Os esportistas se concentram nos dias precedentes aos jogos e às disputas.

Se logro produzir tantos artigos e livros não é devido à equipe de fradinhos que, como sugere o jornalista Ricardo Kotscho, ocupa-se, no porão do convento, a redigir, dia e noite, textos que assino. É graças a retiros literários. São pelo menos 120 dias do ano reservados à criação literária. Evito a agitação urbana, e mantenho o celular desligado e a ansiedade contida.

Escrever, como diria Thomas Edison, não é mera questão de inspiração, e sim de transpiração. (João Ubaldo Ribeiro opinava que a melhor inspiração é um fornido cheque do editor...) Picasso ironizou: "Inspiração existe, mas ela precisa te encontrar trabalhando."

Para criar há que ralar. Ter a disciplina de renunciar a convites, festas, atrações, viagens. E à preguiça de dedicar-

-se seriamente ao trabalho de ler, escrever e pesquisar. Basta abrir as correspondências de Balzac e Flaubert, para se ter ideia de como se entregavam ciosamente ao ofício literário.

Ah, quantas narrativas jamais nos chegaram por ficarem retidas na imaginação de escritores que não se empenharam em virar autores! Quantas obras-primas literárias sorvidas em tulipas de chope nos bares da noite!

A preguiça é um dos sete pecados capitais. Nome inadequado. Nada a ver com sombra, água fresca e jornal sem letras. Prefiro o termo sugerido pelo monge Cassiano (370-435), que elencou os pecados capitais: acídia, latinização do grego acedia.

Acídia é o desânimo de cultivar a vida intelectual e espiritual. De praticar a virtude e superar o vício. De dedicar-se com afinco à literatura.

Esta é a importância do retiro literário: distanciar-se do burburinho cotidiano, livrar-se por uns dias da hipnose televisiva e do magnetismo internáutico, deixar o celular desligado e conectar-se ao silêncio, ao íntimo de si mesmo, para escutar melhor as vozes interiores que inspiram a narrativa ou o poema.

Muitas vezes a resistência em retirar-se deriva do medo (inconfessado) de encontrar a si mesmo. De escutar a própria intuição, ouvir a voz do silêncio. É semelhante à resistência à terapia. Assim como há quem julgue que ela "é para loucos", há quem considere que retiro "é para monges".

Tenho amigos com imensa dificuldade de desconectar-se do dia a dia. São compulsiva e compulsoriamente antenados em tudo. Na verdade, ficam ligados no varejo. Não conseguem se empenhar no atacado. Deixam escapar por entre os dedos os talentos que possuem. Tornam-se, assim, presas fáceis da ansiedade e vítimas do estresse. São aptos ao infarto, pois nem sequer conseguem mastigar devagar o que ingerem.

Ainda que não haja oportunidade de fazer um retiro literário, ao menos um período do dia deveria ser reservado ao isolamento. Para o artista, retirar-se é imprescindível. A criação exige distanciamento. Krajcberg refugiava-se no sul da Bahia. Hilda Hilst, em um sítio no interior de São Paulo. Manoel de Barros, em uma fazenda do Mato Grosso. Adélia Prado, em Divinópolis (MG). João Gilberto se impõe uma vida monástica no Rio.

Talvez por isso Javé, em sua sabedoria, tenha primeiro criado a luz e, por fim, os seres humanos... Nossa excessiva tagarelice teria prejudicado a obra da Criação. E como narrador invisível, Deus prefere ser conhecido por sua palavra e obra. Assim como nós, leitores do século XXI, conhecemos Camões, Machado de Assis e Dostoievski.

NÃO ESCREVO PREFÁCIOS

Já não faço prefácios de livros. Nem apresentações. Decisão tomada há anos ao não suportar pressões de neoescritores para que eu lesse os originais e escrevesse o prefácio o quanto antes.

Deixar de lado meu trabalho literário para ler obra alheia, fora do meu campo de interesses, fazia-me perder o fio da meada. Pior quando eu não gostava do texto. Ao apontar falhas ou imaturidade na escrita, e recusar o pedido, criava uma saia justa e, em alguns casos, perdia uma amizade.

Escritores têm muitas virtudes, como a persistência de tecer (daí texto) letrinha por letrinha e de conter a ansiedade até sentir que deu o melhor de si. Porém, somos um balaio de defeitos. O mais notório é a vaidade literária. Você ousa dizer à mãe que o filho dela é horroroso? Do mesmo modo, há escritores que acreditam que todas as suas obras são de excelente qualidade! Se alguém fala mal do livro, não é o livro que é ruim, é o detrator que é burro, ignorante, carece de cultura para apreender o valor da obra...

Você conhece algum clássico da literatura de ficção precedido de prefácio? Prefácio é para obras antigas que requerem contextualizar o leitor hodierno. Fora disso, funciona como cartão de apresentação. Ora, se alguém vem a você apresentado por seu melhor amigo, nem por isso significa que seja simpático e confiável para ser seu amigo. Do mesmo modo, não há prefácio que salve a má qualidade de uma obra de ficção. Pode ser assinado por James Joyce ou Gabriel García Márquez. É o livro em si que cativa ou não o leitor.

Entendo que um escritor iniciante queira ver a sua obra recomendada por autor conhecido. Também não escapei da tentação de pedir a Tristão de Athayde e Dom Paulo Evaristo Arns para prefaciarem meus dois primeiros livros: *Cartas da prisão* e *Das catacumbas* (este segundo hoje incluído no primeiro).

Em livro de ficção, prefácio não se justifica. Exceto ao se tratar de tragédia grega ou obra traduzida cujo autor seja desconhecido de seu novo público. Fora disso, há que ir direto ao texto e avaliá-lo por sua qualidade intrínseca, e não pelos confetes jogados pelo prefaciador. Aliás, já li prefácios melhores que o próprio livro recomendado.

O que escritores inéditos devem fazer frente à recusa das editoras em publicá-los é enviar seus originais aos inúmeros concursos literários. Um livro premiado abre portas de editoras. E jamais se deixarem abater pela recusa do editor. Proust foi rejeitado por André Gide, editor da Gallimard. Carmen Balcells, uma das mais prestigiadas agentes literárias do mundo, devolveu a Umberto Eco os originais de *O nome da rosa*, por considerá-lo, não um romance, mas uma tese acadêmica romanceada... A editora inglesa Hogarth Press recusou os originais de *Ulisses*, obra que Virginia Woolf, autora por ela editada, considerava "uma memorável catástrofe".

Tornar-se um autor – pois escritores há muitos – é tarefa árdua. Exige persistência e, sobretudo, muita leitura e tempo dedicado a escrever e reescrever inúmeras vezes o mesmo texto. Em se tratando de ficção, ele nunca está definitivamente pronto. Como dizia Paul Valéry, não se termina um romance, apenas o abandona...

Meu primeiro editor foi Ênio Silveira, da Civilização Brasileira. Perguntei a ele como saber quando um livro está maduro para ser remetido à editora. Respondeu: "Nunca o faça sem estar convencido de que fez o melhor. Não blefe consigo mesmo."

Guimarães Rosa adotava e recomendava o hábito de, terminado um livro, deixá-lo "descansar" na gaveta, como massa de bolo, por uns meses e, então, relê-lo. O autor certamente o fará com olho crítico, aprimorando o texto. Além de seguir-lhe o conselho, dou ouvidos também ao de Horácio: sempre repasso meus originais a meia dúzia de leitores qualificados, para que façam críticas e sugestões. Só depois de recebê-las e fazer as modificações com as quais concordo, remeto à editora.

O ENIGMA DO CHAPÉU

Quem escreve sabe como as palavras gostam de brincar de se esconder. Quando mais se precisa delas, fogem da memória, embora despontem, impronunciáveis, na ponta da língua. O jeito é recorrer a um sinônimo que não exprime exatamente o que se queria dizer, mas quem não tem cão...

Um dia vi-me indeciso quanto à grafia de chapéu gelô (ou gelo ou gelot?), tão frequente em fotos e filmes antigos. Recorri ao *Vocabulário Ortográfico da Língua Portuguesa*, da Academia Brasileira de Letras, que reúne 350 mil vocábulos. Nada. Fui à minha coleção de dicionários: Caldas Aulete (meu preferido), Michaelis, Aurélio, Celso Luft, Sacconi, Houaiss, Biderman e Simões da Fonseca. Em vão. Nenhum registra o termo que adjetiva o chapéu preto, arredondado, de copa saliente, que Freud usava.

Não é comum encontrar uma palavra de uso corrente nos últimos cem anos não dicionarizada, exceto gírias e neologismos mais recentes. Perdido, recorri às minhas fontes vivas, que dominam com maestria o nosso idioma. Primeiro, a meu pai, Antônio Carlos Vieira Christo, lexicólogo, íntimo de todos os dicionários, meu mestre em letras. Vasculhou toda a sua biblioteca, sem resultado.

Parti para os amigos. Deonísio da Silva, autor de *De onde vêm as palavras*, 30 mil exemplares vendidos, também nada encontrou em seus alfarrábios. Teimoso, buscou um velho usuário do chapéu, de quem obteve a informação de que o vocábulo deriva do nome da loja que o vendia em Paris: Gelot. Provavelmente um nome de família.

João Ubaldo Ribeiro respondeu-me com a seguinte mensagem: "O vocabulário ortográfico da ABL não registra a palavra em nenhuma das duas formas. O nome do chapéu é francês e vem do nome de seu criador. Só não sei se leva acento ou não, no 'e'. Mas, já que a palavra entrou na língua portuguesa há décadas, acho que você pode usar perfeitamente 'gelô', em vez de um pernóstico 'gelot', ainda mais sem saber, como eu não sei, se há o acento. Creio que não, porque o 'e' aí deve ser uma vogal átona, para não ser confundido com um 'j'ai l'eau', ou qualquer coisa assim. Enfim, é o máximo que posso informar-lhe. Na minha opinião, você devia cometer esse ato de canibalismo linguístico e escrever 'gelô'."

Aceita a sugestão, fico com chapéu gelô, mas só na ortografia, pois a cabeça, sob sereno ou sol quente, prefiro cobri-la com boné de pala curta.

Hoje em dia é moda pesquisar a história de detalhes, da vida privada à vida da privada. Não sei se há por aí uma história do vestuário, como vi na coleção de trajes exposta em um museu de Coimbra. Os arqueólogos da moda deveriam dedicar-se a estudos que nos expliquem por que o chapéu desapareceu da indumentária. Veja a foto de uma assembleia operária no início do século passado. Nenhuma cabeça descoberta.

No Brasil, começamos despidos nas aldeias indígenas e, agora, parece que retornamos ao ponto de partida. Em pouco mais de meio século de vida, vi desaparecer, além do chapéu (minha mãe tinha caixas deles empilhadas sobre o guarda-roupa, à espera do próximo casamento), abotoadura, prendedor de gravata, galocha (os sapatos de hoje resistem à chuva?), combinação, anágua, *baby-doll* etc. Torço pelo fim da gravata.

Ora, tudo muda, menos o guarda-chuva.

O LEOPARDO

A prefeitura de San Pellegrino, famosa estação de águas da Itália, promoveu um encontro de escritores, no verão de 1954. Lucio Piccolo, poeta lírico, despontou como a grande revelação do colóquio. Vindo da Sicília, ali chegara desconhecido, acompanhado por um primo que, alheio ao mundo literário, se manteve calado todo o tempo: Giuseppe Tomasi, príncipe de Lampedusa.

Quatro anos depois, o escritor Giorgio Bassani, autor de *O jardim dos Finzi Contini*, recebeu de Palermo um manuscrito de autor desconhecido. Percebeu logo que se tratava de uma obra-prima e não tardou a descobrir o autor: Tomasi di Lampedusa. Mas ele havia morrido no ano anterior, em 1957, aos 61 anos.

Ao retornar de San Pellegrino, Lampedusa decidira levar ao papel uma história que o perseguia há 25 anos, inspirada em seu avô. De um só fôlego, entregou-se à tarefa nos anos de 1955 e 1956. O texto, publicado em 1958, é um clássico entre os romances históricos: *O leopardo*, posteriormente filmado por Luchino Visconti.

O talento de Lampedusa consiste em emoldurar, no retrato da família Salinas, toda a história da Itália na segunda metade do século XIX, quando Garibaldi unificou o país. Dele a famosa frase, refrão de toda a narrativa: "É preciso que tudo mude para ficar como está."

Escrever um bom romance exige vivência, cultura e, como os vinhos de qualidade, maturação. Em *O leopardo* até o cão Bendicò é tão nítido como personagem quanto o príncipe Fabrizio e seu sobrinho Tancredi. Naquele novelo de família siciliana estão contidas a política italiana, a história milenar da ilha, os costumes e a cultura da época, o requinte da nobreza, o ocioso poder do clero e a miséria dos camponeses. Tudo bem temperado com senso de humor.

Escrever é escavar: memórias, histórias, conjunturas, ideias e perfis. Não basta alinhavar vocábulos. É preciso desbordar a vida, sem meias nem peias.

Um bom romance não se escreve com a cabeça, se escreve com a pele. Mas com uma condição essencial para produzir uma obra de arte: o valor estético. No romance, a forma importa mais que o conteúdo. Felizes, porém, os autores que, como Lampedusa, logram unir as duas coisas.

No Brasil, o romance passa por uma crise de expressão e estilo. Influenciado pelo cinema e pela TV, muitos parecem escritos para virar roteiros. Carecem de qualidade estética ou daquilo que, na opinião de Aníbal Machado, em *Cader-*

nos de João, define a boa qualidade literária: "O melhor livro é aquele que, violentando a sensibilidade e os hábitos mentais do leitor, perturba-lhe por algum tempo o equilíbrio interno e o restabelece depois em plano e clima diferentes."

PALAVRA CONTÉM PALAVRAS

Na palavra há muitas palavras. Há pá, instrumento de remover terra; PA, sigla do Pará; e pã, divindade pastoril. Pala é um leque que possui ao menos quinze significados: peça de boné militar, cartão para cobrir cálice de missa, parte do vestuário e do sapato etc. Lavra é área de mineração.

Palavra implica PAL, abreviatura de *Phase Alternate Line*, sistema de transmissão de imagens coloridas; e La, símbolo do lantânio; e VA, do volt-ampere, e vã, o que nenhuma palavra é em si, a menos que mal pronunciada.

Palavra se faz com uma só vogal, a, primeira letra do alfabeto, e quatro consoantes. Há muitas palavras – a de Deus, a de honra, a do rei, a que não volta atrás, e a que se dá para firmar um compromisso ou promessa.

Palavra contém ala, que tem a ver com fila ou parte de uma construção, e também ar, sem o qual não se pode respirar. E dela se obtêm varal, lapa, ara, vala, para e par. E também sentidos, significados, conceitos.

Palavra tem valor quando entremeada de silêncios. Derramada assim, de boca aberta, perde valor. Impregnada de ânsias, é pura angústia, faz mal. Bom é o que não se fala entre uma palavra e outra. Então, sossego. Expectação.

E vem a palavra, inaugurando o mundo. Plena de vida.

ARTE DA PALAVRA

A leitura de um bom livro é um diálogo incessante: o livro fala e a alma responde.

ANDRÉ MAUROIS

Em conversa com meu tradutor na França, Richard Roux, que é também professor de literatura, disse, para meu espanto, que nem mesmo na terra de Voltaire e Balzac, Rimbaud e Simone de Beauvoir, os alunos têm, hoje, o hábito de ler literatura. Se o fazem é por dever e não por prazer. Leem trechos, capítulos, resumos, mas não a obra inteira.

No Brasil, o mesmo fenômeno é constatado pelo Enem. Como observou Cláudio Willer, ao presidir a União Brasileira de Escritores, "pesquisas apontam níveis elevados de analfabetismo funcional e nossos estudantes, faltando-lhes o hábito da leitura, escrevem e se expressam mal, e apresentam dificuldades de raciocínio e interpretação da realidade".*

---

* Cf. Jornal *Adverso*, 1ª quinzena de junho/2003, p. 10.

Muitos fatores contribuem para que haja universitários que não sabem redigir uma carta sem erros de sintaxe e concordância ou distinguir o literário do não literário quando confrontados com uma crônica de Machado de Assis ou uma carta de banco. Falta literatura nos currículos escolares, assim como são raras as bibliotecas de qualidade em instituições de ensino e municípios do país.

Não se sabe o que não se aprende. E sem aprendizado não há discernimento nem juízo crítico; corre-se o risco de confundir *Gênesis*, o primeiro livro da Bíblia, com uma banda de rock progressivo...

Entretanto, estamos tratando de literatura: sujeito, verbo e predicado. No computador ou no celular, a linguagem é reduzida a um código exíguo que subverte toda a estrutura da linguagem. A velocidade do meio impõe à escrita uma economia de palavras que se traduz em indigência de significados. É como se estivéssemos retornando aos sons guturais dos tempos das cavernas. Diante das advertências de uma mãe aflita, a filha de quinze anos que insistia em sair de casa à meia-noite de sábado, para ir a uma festa, indagou: "E quico?" A mãe supôs tratar-se de um amigo da menina. "Quem é Quico?", reagiu. "Quico," disse a filha, "é o que é que eu tenho a ver com isso!"

Os gregos não possuíam textos sagrados nem castas sacerdotais. Graças à literatura de Homero, produzida oito séculos antes de Cristo, os gregos se apropriaram de uma ferramenta epistemológica que, ainda hoje, nos dá a impressão de que eles intuíram todos os conhecimentos que a ciência moderna viria a descobrir. O que seria de nossa cultura sem a matemática de Pitágoras, a geometria de Euclides, a filosofia de Sócrates, Platão e Aristóteles? O que seria da teoria de Freud sem o teatro de Sófocles, Eurípedes e Ésquilo?

Os hebreus imprimiram ao tempo, graças aos persas, um caráter histórico e uma natureza divina. E produziram uma literatura monumental – a Bíblia – que inspira três grandes religiões: o judaísmo, o cristianismo e o islamismo. Tira-se o livro dessas tradições religiosas e elas perdem toda identidade e propósito. No entanto, que escola exige que seus alunos leiam autores bíblicos? Sei de estudantes que, ao ouvir falar da briga entre Davi e Golias, sugeriram tratar-se de lutadores de boxe. Outro supôs que as cartas de São Paulo foram escritas na capital paulista...

Livro tem começo, meio e fim. Como a vida. As grandes narrativas favorecem a nossa visão histórica e criam o caldo de cultura no qual brotam as utopias. Pois sem utopia não há ideal, e sem ideal não há valores nem projetos. A vida reduz-se a um joguete nas oscilações do mercado.

A literatura é a arte da palavra. E como toda arte, recria a realidade, subvertendo-a, transfigurando-a, revelando o seu avesso. Por isso, todo artista imprime ao real um caráter ético e um sabor estético, superando a linguagem usual e refletindo, de modo surpreendente, a imaginação criadora.

Sem literatura corremos o risco de resvalarmos para a mesquinhez dos jargões burocráticos, a farsa do economês que tudo explica e quase nada justifica, a palilogia estéril da linguagem televisiva, a logorreia dos discursos políticos, condenando-nos à visão estreita e à pobreza de espírito despida de qualquer bem-aventurança.

Salvemos a literatura!

MAGIA E MILAGRE DA PALAVRA

As palavras pesam. Talvez por serem a mais genuína invenção humana. Os papagaios não falam, apenas repetem. Não escapam de seus limites atávicos. Nós, humanos, desde que atingimos a fase *sapiens*, inventamos a mais criativa técnica de comunicação: a linguagem.

Curioso é o organismo humano não possuir um órgão específico da fala. O olho é a fonte da visão, como o ouvido, da audição. A língua facilita a deglutição, como a traqueia, a respiração. No entanto, a ânsia de expressar-se levou o ser humano a conjugar mente e boca, cérebro e laringe, órgão da respiração e da deglutição, para proferir palavras.

O mundo foi criado porque foi proferido: "E Deus disse: 'Haja a luz' e houve luz", conta o autor do *Gênesis*.

Vivemos sob o signo da palavra. Unir palavra e corpo é o mais profundo desafio de quem busca coerência na vida. Há políticos e religiosos que primam pela abissal distância entre o que dizem e o que fazem. E há os que falam pelo que fazem.

A palavra fere, machuca, dói. Proferida no calor aquecido por mágoas ou ira, penetra como flecha envenenada. Obscurece a vista e instaura solidão. Perdura no sentimento dilacerado e reboa, por um tempo que parece infinito, na mente atordoada pelo jugo que se impõe. Só o coração compassivo, o movimento anagógico e a meditação livram a mente de rancores e imunizam-nos da palavra maldita.

Machado de Assis ensina que as palavras têm sexo, amam-se umas às outras, casam-se. O casamento delas é o que se chama estilo.

A palavra salva. Uma expressão de carinho, alegria, acolhimento ou amor é como brisa suave que ativa nossas melhores energias. Somos convocados à reciprocidade.

Essa força ressurrecional da palavra é tão miraculosa que, por vezes, a tememos. Orgulhosos, sonegamos afeto; avarentos, engolimos a expressão de ternura que traria luz; mesquinhos, calamos o júbilo, como se deflagrar vida merecesse um alto preço que o outro, a nosso parco juízo, não é capaz de pagar. Assim, fazemos da palavra, que é gratuita, mercadoria pesada na balança dos sentimentos.

Vivemos cercados de palavras vãs, condenados a uma civilização que teme o silêncio. Fala-se muito para dizer bem pouco. Jornais, revistas, TV, outdoors, telefone, correio eletrônico – há demasiado palavrório. E sabemos todos que não se dá valor ao que se abusa.

Carecemos de poesia. O poeta é um entusiasmado, no sentido grego de *en* + *theós* = com um deus dentro. Como sublinha Platão no *Ion*, nele fala a divindade, o Outro. Em linguagem psicanalítica, fala o inconsciente. Como Orfeu, o poeta desce à noite dos infernos para recuperar Eurídice, fantasma do desejo.

Nossa lógica cartesiana faz do palavrório uma defesa contra o paradoxo. No entanto, sem paradoxo não há arte. O belo é irredutível à palavra, mas só a palavra expressa a estética.

O silêncio não é o contrário da palavra. É a matriz. Talhada pelo silêncio, mais significado ela possui. O tagarela cansa os ouvidos alheios porque seu matraquear de frases ecoa sem consistência. Já o sábio pronuncia a palavra como fonte de água viva. Ele não fala apenas pela boca, e sim a partir do mais profundo de si mesmo.

Há demasiado ruído em nós e em torno de nós. Tudo de tal modo se fragmenta que até a hermenêutica se cala. Hermes, o deus mensageiro, já não nos revela o sentido das coisas, mormente das palavras, que se multiplicam como vírus que esgarça o tecido e introduz a morte.

Guimarães Rosa inicia *Grande Sertão, Veredas* com uma palavra insólita: "Nonada". Não nada. Não, nada. Convite ao silêncio, à contemplação, à mente centrada no vazio, à alma despida de fantasias.

Sabem os místicos que, sem dizer "não" e almejar o Nada, é impossível ouvir, no segredo do coração, a palavra de Deus que, neles, se faz Sim e Tudo, expressão amorosa e ressonância criativa.

BARTÔ, O MAGO DA PALAVRA

> *Livros são os mais silenciosos e constantes amigos, os mais acessíveis e sábios conselheiros, e os mais pacientes professores.*
>
> CHARLES W. ELLIOT

O coração de Bartolomeu Campos de Queirós, pleno de amor e arte, parou na madrugada de 16 de janeiro de 2012. Meu querido amigo Bartô transvivenciou. Entrou em "encantamento", diria Guimarães Rosa.

Bartô tinha 67 anos e mais de 70 livros publicados. A ele dediquei meu romance, *Minas do ouro*: "Para Bartolomeu Campos de Queirós, nascido, como eu, na mesma terra mineira, no mesmo ano, no mesmo mês, no mesmo dia, e condenado, como eu, à mesma sina: escrever."

Em 2003, mereci dele a dedicatória do livro *Menino de Belém*. Era um mago da palavra. Não fazia poesia, não escrevia prosa – criava *proesia*. Sua prosa é arrebatadoramente poética, como o comprova seu último romance *Vermelho amargo*, de forte conotação autobiográfica.

Sua mãe morreu aos 33 anos, de câncer, quando ele tinha 6. Lembrava-se dela sofrer dores atrozes, a ponto de o bispo autorizar que se lhe apressasse a morte com uma injeção. Às vezes a dor era tanta que ela se punha a entoar canto lírico. Bartô, então, ligava para sua amiga Maria Lúcia Godoy, cantora lírica, para que, ao telefone, cantasse para a mãe dele.

Equivocam-se os que classificam sua obra de literatura infantil, embora tenha angariado os mais importantes prêmios nacionais e internacionais neste gênero. Sua escrita é universal, encanta crianças e adultos. Como artesão da palavra, trabalhava cuidadosamente cada vocábulo, cada frase, até extrair toda a polissemia possível, assim como a abelha suga o néctar de uma flor.

Bartô morava em Belo Horizonte, no apartamento que pertenceu à poeta Henriqueta Lisboa – cuja estátua se ergue à porta do prédio na rua Pernambuco, na Savassi. Gostava da solidão. Precisava dela para escrever. Chegava a pedir à cozinheira para deixar o trabalho mais cedo. E só admitia que o silêncio fosse quebrado pela música, que escutava deitado no chão.

Nos últimos anos, mais lia do que escrevia. E o fazia com um prazer quase luxurioso. Narrou-me como se deleitava em abrir um novo livro, reformular suas ideias e conceitos, adquirir novos conhecimentos...

Tornou-se escritor por acaso. Estudava comunicação e expressão em Paris, quando lhe pediram para enviar um texto a um concurso, que o premiou. Mas custou a se assumir como autor. Para ele, isso era secundário. A prioridade era o emprego no MEC,* no departamento de investigação de qualidade de ensino, que o obrigava a viajar Amazônia afora. Seu chefe, Abgar Renault, lhe dava toda liberdade.

Nos últimos anos, pouco saía de casa. Desde que se viu obrigado a fazer hemodiálise três vezes por semana, caminhava a passos miúdos, os ombros curvados e, no rosto, a perplexidade diante dos mistérios da vida. A fala era contida, proverbial, mesmo quando fazia palestras. Seus silêncios ecoavam.

Fazia questão de não abandonar o cigarro e tomar um chope antes de submeter-se à hemodiálise. Dizia que, assim, o tratamento seria compensado...

Seu ponto de encontro era a Livraria Quixote, na rua Fernandes Tourinho, onde há um espaço em homenagem a ele. Ali revia amigos, lançava livros, tomava café da manhã. Foi ali que nos vimos pela última vez, na véspera do Ano-Novo de 2011, quando me deu de presente o romance epistolar *A sociedade literária e a torta de casca de batata*, de Mary Ann Shaffer e Annie Barrows.

---

* Ministério da Educação.

Há três anos, ele me propusera um projeto literário a quatro mãos: uma troca de correspondência sobre literatura, conjuntura política, vivências. Nunca o efetivamos. Em nosso encontro de fim de ano, respondeu-me quando indaguei o que andava escrevendo: "Cartas para mim mesmo."

Bartô contava que, quando criança, ficava intrigado com o mistério de como pouco mais de vinte letras podem registrar na escrita tudo que a cabeça pensa... Orgulhoso, disse que aprendera a escrever com o avô, marceneiro, que morava em Pitangui (MG). Tirara a sorte grande na loteria e, assim, trocou a madeira pela literatura. Ao se sentir inspirado, tomava em mãos o lápis próprio para marcar medidas na madeira e redigia suas histórias nas paredes da casa. Quando o avô morreu, tiraram da parede da sala o relógio em forma de oito. Era o único espaço vazio de textos...

Bartô era um artista profundamente espiritualizado. Desde que morou em Paris tornou-se devoto de São Charbel (1828-1898), libanês, canonizado em 1997. Disse que o escolhera porque é um santo de poucos devotos e, portanto, mais disponível para atender às suas preces... E mostrou-me a estampa do monge de longas barbas brancas.

Meu único consolo é a certeza de que Bartolomeu Campos de Queirós vive, agora, imortalizado em suas obras literárias. Reproduzo aqui o que escrevi a ele, em maio de 1998, após ler *Escritura*: "Sua escrita é canto, luz, vereda e afago.

Cada frase lindamente esculpida! Proíba-se de tudo o mais para só escrever, porque é a sua única e irrecorrível sentença de vida."

RITUAL MÁGICO

O teatro é um recurso privilegiado de formação de leitores. Ou melhor, de formação humana. Até porque, graças à representação no palco, permite ser lido por quem não é alfabetizado. Retrata a nossa natureza lúdica, essa multiplicidade de seres que nos povoam.

Sou agora o escritor sisudo, que finge saber mais do que realmente conhece, mas sob o chuveiro esta manhã, ao escutar no rádio *Aquarela do Brasil*, de Ary Barroso, dei asas ao sambista que me habita. Reside em mim uma multidão: o intelectual e o crente, o cartesiano e o insensato, o adulto e a criança. No palco me revisto de um outro que não sou eu e, no entanto, eu é que lhe dou vida, dicção, movimento e emoção.

O teatro é um ritual transfigurador da realidade, espelho que nos devolve a nós mesmos. Sou Édipo e Creonte, também Jocasta, Electra e Medeia.

Teatro vem do grego *theátron* – lugar onde se contempla. E contemplação não é sinônimo de observação. É uma experiência mistérica, endógena, em que me deixo invadir pelo objeto contemplado. O contemplativo é o místico, apaixonadamente habitado pela divindade. No teatro, são os personagens que despertam seus homônimos escondidos em minha subjetividade. Neles contemplo a mim mesmo. Meu lado trágico e meu lado cômico. O que trago de divino e de perverso.

Nossos arquétipos estão delineados nas grandes obras teatrais. Não foi em vão que Freud recorreu a elas para estruturar sua etiologia psíquica. No teatro importa o ser, o que não é tão acentuado no cinema e na telenovela. Por isso só no palco pode haver monólogo, reflexo desse nosso continuo monólogo interior.

Como exemplo de diversidade cultural propiciada pela dramaturgia, me atenho à Grécia do século V, aos fundadores do teatro clássico: Sófocles, Ésquilo, Eurípides e Aristófanes.

De Ésquilo nos restaram *As suplicantes*, *Prometeu acorrentado* e *Os persas*. Foi quem inventou a tragédia. Arcaico e religioso, forneceu-nos a primeira luz do que seja a democracia. Encenada por volta de 468 a.C., *As suplicantes* mostra a população de Argos – ou seja, a "demo" – concedendo asilo ("kratos", o poder de decidir) às Danaides, que haviam assassinado seus maridos na noite de núpcias. É ali que pela primeira vez os dois termos aparecem unidos. Já no fim do século V a.C. o substantivo definia o regime ateniense.

Sófocles acreditava no poder dos deuses e na predestinação. Seu principal personagem é o destino. Destaca-se com o maior trágico da antiguidade grega por seu *Édipo rei*, mais tarde completado pela peça *Édipo em Colona*.

Não há literatura criada do nada. Os primórdios de Édipo deitam raízes no Canto IV da *Ilíada* e no IX da *Odisseia*, obras de Homero, e na peça *Os sete contra Tebas*, de Ésquilo.

Por força do destino traçado pelos deuses, Édipo mata o pai e se casa com a mãe. Mas é muito mais do que um mero triângulo conflitivo, hoje utilizado na telenovela para atrair a atenção do público. Édipo abrange todos os campos da experiência humana: a relação do homem com o divino (o oráculo); o poder (a realeza) e a família. Ou seja, piedade, autonomia e afetividade.

Eurípides é o autor de *Electra* (Ésquilo e Sófocles também escreveram sobre a lenda de Electra, que vinga a morte do pai instigando seu irmão Orestes a matar a mãe e o amante) e também de *Medeia* (atualizada na peça *Gota d'água*, de Chico Buarque), *Sísifo*, *As troianas* (libelo contra a guerra) e *As bacantes*, entre outras peças.

Ao contrário de Sófocles, Eurípides introduz a dúvida, convida-nos à crítica aos deuses, às autoridades, às supostas verdades geradas pela imposição. Feminista *avant la lettre*, realça as mulheres como seres fortes, dotados de coragem e ternura, ódio e paixão, ao contrário dos homens, débeis e covardes. Suas peças primam pelo retrato psicológico dos personagens e exaltam o amor e suas várias manifestações:

apaixonado, conjugal, materno. Ifigênia abre mão da própria vida para favorecer a expedição à Troia; Medeia vive intempestivamente suas paixões amorosas.

Aristófanes polemiza, introduz a sátira social, faz da arte uma arma de crítica política. Em *Os cavaleiros,* desmoraliza os demagogos Cléon e Hipérbolo. Em *As rãs,* mostra um concurso entre Ésquilo, Sófocles e Eurípides, os três grandes trágicos. Satiriza Eurípides e exalta Ésquilo. Em *As nuvens,* critica os metafísicos e os sofistas, sem poupar seu amigo Sócrates. Ridiculariza a justiça ateniense em *As vespas.* Em *Lisístrata,* a greve sexual das mulheres força atenienses e espartanos a fazerem um acordo de paz.

Houve um tempo em que a liberdade de expressão fazia-se arte, um ritual mágico muito acima do jogo rasteiro de querer apenas ridicularizar opiniões, costumes e pessoas.

II. LITERATURA E ESPIRITUALIDADE

LITERATURA E EXPERIÊNCIA DE DEUS

Embora a música seja, em minha opinião, a mais sublime das artes, a literatura é a mais sagrada. Deus a escolheu para, através dela, se revelar a nós. Escolheu uma escrita, a semítica, e um gênero próximo da ficção, pois em toda a Bíblia não há uma única aula de teologia, um ensaio doutrinário, um texto conceitual. É toda ela uma narrativa pictórica – vê-se o que se lê.

Os livros bíblicos reúnem uma sucessão de fatos históricos e alegóricos (parábolas, metáforas, aforismos), entremeados de genealogias, axiomas, provérbios, poemas (*Cântico dos Cânticos* e *Salmos*) e detalhes técnicos e ornamentais (a construção do Templo*).

Como frisa Herbert Schneidau, a Bíblia pode ser considerada "prosa de ficção historicizada". Isso porque se distancia do universo das lendas e dos mitos, embora haja matéria-prima lendária subjacente ao *Gênesis* no relato sobre Davi, na saga de Jó e em parte dos *Livros dos reis*.

---

* Cf. *Livro das Crônicas*.

Os autores bíblicos se afastaram, deliberadamente, do gênero épico (Homero e Virgílio), o que se explica pela rejeição do politeísmo. O que impregna a escrita bíblica é o senso de historicidade. Ela rompe com a circularidade do mundo mitológico e apresenta-nos um Deus que tem história: Javé, "o Deus de Abraão, Isaac e Jacó". Nela a historicidade se faz presente na descrição dos cinco primeiros dias da Criação, antes do surgimento daquele que viria a ser considerado o protagonista do processo histórico: o ser humano. Há uma evolução simbolizada na sucessão dos seis dias.

O que faz de nós "imagem e semelhança de Deus" é a capacidade de amar e a linguagem. Animais também amam, tanto que certos pássaros, como os pardais, se mantêm fiéis após se acasalarem. Mas somente o ser humano possui um nível de consciência que lhe permite ordenar e expressar sentimentos, emoções, intuições e afetos.

A escrita é uma forma de tentar organizar o caos interior. Por isso é terapêutica, libertadora. Hélio Pellegrino, psicanalista, atribuía a minha sanidade mental, no decorrer de meus anos de prisão, ao fato de eu ter literalizado a vida de cadeia. O meu mundo é recriado quando lanço mão de vocábulos e regras sintáticas para dar forma e expressão ao que penso e sinto. Assim, transubstancio a realidade, me projeto em algo que, fora de mim, não sou eu e, no entanto, traduz o meu perfil interior de um modo que eu jamais conseguiria pela simples fala.

A escrita constitui uma forma de oração, como bem sabia o salmista. A experiência de Deus antecede e ultrapassa a escrita. No entanto, o pouco que dela se sabe é por meio da escrita; raras vezes por experiência pessoal. Grandes místicos, como Buda, Jesus e Maomé, nada escreveram. O que sabemos deles e de seus ensinamentos é graças a quem teve o trabalho de redigir.

Ainda que o próprio místico possa fazê-lo, como são exemplos Plotino, Mestre Eckhart, Charles de Foucauld e Thomas Merton, há um momento em que a experiência de Deus supera os limites da palavra. É inefável. Como diz Adélia Prado, "Se um dia puder, nem escrevo um livro" (*Círculo*). "Não me importa a palavra, esta corriqueira, / Quero é o esplêndido caos de onde emerge a sintaxe, / A palavra é disfarce de uma coisa mais grave, surda-muda / foi inventada para ser calada. / Em momentos de graça, infrequentíssimos, / se poderá apanhá-la: um peixe vivo com a mão. / Puro susto e terror (*Antes do nome*).

Toda poesia de qualidade é polissêmica. É verso que faz emergir nosso reverso. É canto que encanta, desdobra em múltiplo o nosso ser e nos induz a encontrar aquela pessoa que realmente somos e, no entanto, em nós reside como um estranho que provoca temor e fascínio.

É à poesia que o apóstolo Paulo recorre quando, ao discursar no Areópago,* expressa a nossa ontológica e visceral união com Deus: "Nele vivemos, nos movemos e existimos, como alguns dos vossos, aliás, já disseram: 'Porque somos também de sua raça.'"

Trata-se de uma citação livre da obra *Fenômenos*, de Arato, poeta que viveu na Cilícia, no século III a.C. O texto originário é: "Comecemos com Zeus, de que nós mortais nunca deixamos de lembrar. Porque toda rua, todo mercado, estão cheios de Zeus. Mesmo o mar e o porto estão cheios da divindade. Em todo lugar, todo mundo é devedor a Zeus. Porque somos, na verdade, seus filhos..."**

---

* Cf *Atos dos Apóstolos,* cap. 17, versículo 28.
** *Phaenomena* 1-5.

ESPIRITUALIDADE E POESIA

A linguagem religiosa convém a um compêndio de doutrinas, catecismo ou tratado de teologia. A linguagem espiritual não encontra espaço adequado senão na poesia. Um casal pode conversar a respeito da vida familiar ao seguir um raciocínio lógico e adotar argumentos razoáveis. Esse mesmo casal, em seus momentos de intimidade erótico-sexual, utiliza uma linguagem distinta, onomatopaica, feita de suspiros, gritos, sussurros, interjeições e expressões aparentemente sem nexo.

A poesia é a linguagem dos anjos, dos amantes e das crianças. Transcende a razão e supera normas gramaticais. Fala mais à emoção que à razão, mais à alma que à cabeça. É a linguagem de Deus.

O primeiro capítulo do *Gênesis*, em seus primeiros versículos, é um poema sobre a Criação. Há uma cadência – o primeiro dia, o segundo dia etc. O poema vai do Caos ao Cosmos. O Caos são as trevas, o vazio, o abismo. Sequencialmente, o poder divino imprime luz onde havia trevas e, aos poucos, a Criação adquire harmonia, beleza – daí o termo grego *Cosmos*, da mesma raiz etimológica de cosmético, aquilo que imprime beleza.

Entre os seus múltiplos gêneros literários, a Bíblia adota também a poesia. Seus mais belos textos são em poesia lírica, como o *Cântico de Moisés* (*Êxodo* 15), o *Cântico do poço* (*Números* 21, 17-18), o *Cântico de Débora* (*Juízes* 5, 1-31), a elegia de Davi sobre Saul e Jônatas (2 *Samuel* 1, 19-27) e o elogio de Judas a Simão Macabeu (1 *Macabeus* 3, 3-9 e 14, 4-15).

A Bíblia é, para os crentes, Palavra de Deus e, como tal, proposta de amor. A ponto de o profeta Jeremias exclamar:

Tu me seduziste, Senhor, e eu me deixei seduzir (20, 7).

Entre os inúmeros textos poéticos da Bíblia merece destaque o *Cântico dos cânticos*, coletânea de poemas que celebram o amor entre a Amada e o Amado, com expressivas aliterações, como o primeiro verso:

Beija-me com beijos de tua boca!

Há outro livro, todo ele em poemas, hinos e cânticos – os *Salmos*, que tanto Maria quanto Jesus traziam na memória. Um dos mais expressivos é o de número 136, de ação de graças, que repete após cada um de seus 26 versos:

Porque o seu amor é para sempre!

Em cada livro do Antigo Testamento encontramos textos poéticos, mesmo no livro aparentemente niilista de Coélet, conhecido como *Eclesiastes*:

Vaidade das vaidades, tudo é vaidade
(...)
O que foi, será,
o que se fez, se tornará a fazer:
nada há de novo debaixo do sol!

Destaca-se o poema do Tempo:

Tempo de nascer
E tempo de morrer;
Tempo de plantar
E tempo de colher;
Tempo de matar
E tempo de curar;
Tempo de destruir
E tempo de construir;
Tempo de chorar
E tempo de rir;
Tempo de gemer
E tempo de bailar...

No *Evangelho de Lucas,* vale ressaltar os tons poéticos do *Magnificat,* o cântico libertário de Maria (1, 46-55); o *Benedictus,* cântico profético de Zacarias (1, 68-79); e o *Nunc dimittis,* o louvor de Simeão ao tomar o menino Jesus nos braços (2, 29-32).

Na boca de Jesus, especialmente nas parábolas que narrava ao povo, são muitas as expressões poéticas, como "olhai os lírios do campo, que não trabalham nem fiam e, no entanto, nem Salomão, com toda a sua glória, se vestiu como um deles" (*Lucas* 12, 20-32 e *Mateus* 6, 24-33).

Com certeza, a oração ensinada por Jesus, o *Pai-Nosso*, merece ser incluída no elenco de poemas evangélicos. Não vou reproduzi-la, porque é bem conhecida. Porém, destaco alguns versos:

Pai nosso que estais nos céus
(...)
Venha a nós o vosso reino
(...)
O pão nosso de cada dia nos dai hoje

O refrão *Pai-Nosso* e *Pão Nosso* nos indica que só temos o direito de chamar Deus de "Pai-nosso" se também o pão – que simboliza os bens essenciais à vida – forem nossos, e não apenas de alguns poucos em detrimento da maioria da população, privada de acesso aos bens necessários à vida digna e feliz.

Outro texto evangélico muito poético é o que serve de prólogo ao *Evangelho de João* (1, 1-18):

No princípio era o Verbo
E o Verbo estava em Deus
E o Verbo era Deus.
(...)
E o Verbo se fez carne
E habitou entre nós.

A poesia está presente em toda a tradição mística, como expressão da união com Deus, e recorre à linguagem amorosa para tentar dizer o indizível. Francisco de Assis, jovem trovador convertido à evangélica opção pelos pobres, entoou o *Cântico das criaturas*:

Louvado seja, meu Senhor,
Por nossa irmã, a mãe Terra
Que nos sustenta e governa,
E produz frutos diversos
E coloridas flores e ervas.
(...)

Teresa de Ávila cantou este verso aparentemente paradoxal:

Morro porque não morro

e buscou na lírica sua forma de expressão:

Já toda me entreguei
E de tal sorte me confundo
Que meu Amado é todo meu
E eu sou toda para o meu Amado.

João da Cruz, discípulo dileto de Teresa, lapidou, no poema que serve de prólogo e roteiro a seu livro *Noite escura*, a estrofe que considero a mais bela da poesia amorosa ou mística, pois todo apaixonado é um místico, assim como todo místico é um apaixonado:

Ó noite que juntaste
Amado com amada,
Amada já no Amado transformada.

Mais próximos ao nosso tempo, e até contemporâneos a nós, temos muitos outros poetas que associaram a sua literatura à espiritualidade e tentaram, em seus versos, expressar o êxtase místico, como a mexicana Soror Inés Juana de la Cruz, a primeira poeta da literatura latino-americana, e o estadunidense Thomas Merton e seu discípulo nicaraguense, Ernesto Cardenal, autor deste belo poema:

Na Páscoa, as cigarras ressuscitam
Enterradas 17 anos em estado de larvas
Milhões e milhões de cigarras
Que o dia todo cantam e cantam
E de noite continuam cantando.

Só os machos cantam:
As fêmeas são mudas.
Mas não cantam para as fêmeas:
Porque também são surdas.

Todo o bosque ressoa com o canto
E só elas, em todo o bosque, não escutam.

Para quem cantam os machos?
E por que tanto cantam? O que cantam?
Cantam como monges trapenses no coro
Diante de seus Saltérios e Antifonários
Cantam o Invitatório da Ressurreição.

No fim do mês o canto se faz triste
E um a um se calam os cantores
Até que se ouvem uns poucos
E, logo, mais nenhum.
Cantaram a Ressurreição.

Do Brasil, destaco como poetas místicos Jorge de Lima e Adélia Prado, que proclama:

Quem entender a linguagem entende Deus
cujo Filho é Verbo.
Morre quem entender.

Ela assegura que, no céu, *os militantes / os padecentes / os triunfantes / seremos só amantes.*

O papa Francisco, em sua encíclica socioambiental, *Laudato Si* (*Louvado seja – o cuidado da casa comum*), revela sua profunda espiritualidade associada à criatividade poética:

Todo o Universo material é uma linguagem de amor de Deus, do seu carinho sem medida por nós. O solo, a água, as montanhas: tudo é carícia de Deus (84).

Termino com o poema *Se eu quiser falar com Deus*, de Gilberto Gil. A meu ver, esta preciosa peça literária resume tudo aquilo que, a nós cristãos, quiseram ensinar Plotino e Santo Agostinho, Tomás de Aquino e Mestre Eckhart, Teresinha do Menino Jesus e Charles de Foucauld, Helder Camara e Oscar Ranulfo Romero, e os autores de *A nuvem do não saber* e *A imitação de Cristo*:

Se eu quiser falar com Deus
Tenho que ficar a sós
Tenho que apagar a luz
Tenho que calar a voz
Tenho que encontrar a paz
Tenho que folgar os nós
Dos sapatos, da gravata
Dos desejos, dos receios
Tenho que esquecer a data
Tenho que perder a conta
Tenho que ter mãos vazias
Ter a alma e o corpo nus.

Se eu quiser falar com Deus
Tenho que aceitar a dor
Tenho que comer o pão
Que o diabo amassou
Tenho que virar um cão
Tenho que lamber o chão
Dos palácios, dos castelos
Suntuosos do meu sonho

Tenho que me ver tristonho
Tenho que me achar medonho
E apesar de um mal tamanho
Alegrar meu coração.

Se eu quiser falar com Deus
Tenho que me aventurar
Tenho que subir aos céus
Sem cordas pra segurar
Tenho que dizer adeus
Dar as costas, caminhar
Decidido, pela estrada
Que ao findar vai dar em nada
Nada, nada, nada, nada
Nada, nada, nada, nada
Nada, nada, nada, nada
Do que eu pensava encontrar.

ADÉLIA NOS PRADOS DO SENHOR

De três coisas precisa o homem para ser feliz: bênção divina, livros e amigos.
HENRI LACORDAIRE

"Tudo é Bíblias" admite Adélia Prado no poema *A invenção de um modo*. Sua poesia se insere no gênero bíblico. É profanamente religiosa. Religa ancas e anjos, igrejas e cavidades do corpo, miados e êxtases. Traveste-se de salmo, oração de súplica e louvor, voz que vem e vai da criatura ao Criador e vice-versa. Ou vice-versa. É cantar dos cantares, dos amares, dos cozinhares e dos bordares. Nela, o verbo se faz carne no tecido literário porque, antes, o Verbo se fez espírito em suas entranhas e transbordou em cores e odores, reminiscências e minudências, visões angélicas e profundezas diabólicas.

A voz poética adeliana recolhe do chão da vida interiorana os cacos dos vitrais de nossas crenças e desejos e emerge como prece e sussurro, sem alçar o voo da metafísica, distando da lírica de Juana Inés de la Cruz e Cecília Meireles. Os vocábulos revestem e apalpam o Absoluto, dão-lhe forma e substância, assim como a música de Bach nos infunde a certeza de que o Senhor é perfeito, solene e belo. Deus, a palavra fundante, não pode ser visto, imaginado, tocado ou cheirado, mas se deixa desvelar por palavras ao alcance de nosso entendimento e se torna "visível" na sacramentalidade das coisas.

O olhar sacramental

Se todo verdadeiro poeta é um ecônomo da palavra, Adélia Prado não gasta uma vírgula além da matéria-prima que lhe serve de signo para expressar o indizível. Seus versos são quase silêncio, mais sugeridos que descritos, como a renda cujos vazios são o conteúdo do desenho. "O que sinto escrevo", confessa em *Com licença poética*. Sentimento que se nutre do prosaico, do trivial, do bucólico. "Sou é mulher do povo, mãe de filhos, Adélia" (*Grande desejo*).

Mulher mineira, rezadeira, que traz Deus nas dobras do ser e, por isso, é capaz dessa atitude panenteísta, de quem o identifica no infinitamente majestoso, como o brilho das estrelas, e no infinitamente pequeno, como um toco de vela. Seu olhar poético é sacramental: "Sempre disse: a poesia é o rastro de Deus nas coisas" (*O despautério*). As coisas estão impregnadas de um sentido além das aparências. Trazem a marca do Criador, perceptível aos olhos da fé: "A borboleta pousada / ou é Deus / ou é nada" (*Artefato nipônico*). Ao nomear as coisas – o peixe escamado, as gotas de chuva, o carroceiro – a poeta batiza o mundo.

A Bíblia não é uma obra acadêmica. Assemelha-se a um almanaque. Reúne cartas de amor e projetos arquitetônicos, receitas de culinária e genealogias, "causos" (as parábolas) e registros históricos. A arqueologia de seus textos demonstra que eles se sobrepõem, intercalam-se, entrelaçam-se em um mesmo livro, como é o caso do *Gênesis*, resultado de pelo menos três diferentes autores – o javista, o eloísta e o sacerdotal.

Há na narrativa bíblica uma mescla de enfoques, do mais universal ao mais íntimo, das crises que afetaram o reino de Judá aos dramas de consciência do profeta Elias ou aos sofrimentos de Jó; tudo, do micro ao macro, é permeado por Deus.

Tudo permeado por Deus – é assim a obra de Adélia Prado. Uma poética litúrgica, que induz o leitor a se indagar como ser no mundo. Discípula de um Messias que sentiu tentações no deserto e chorou a morte de Lázaro, seu amigo, ela canta as maravilhas divinas a partir de miudezas captadas no cotidiano. "O ponto de cruz é iluminação do Espírito" (*A fala das coisas*). Sua aljava criativa não se enche de bibliografias, mas do trivial da vida do povo: "Fiz curso de filosofia pra

escavar o pensamento, / não valeu. O mais universal a que chego / é a recepção de Nossa Senhora de Fátima / em Santo Antônio do Monte" (*Tabaréu*). Sua fome de beleza é definida: "Ninguém discordará que Deus é amor" (*Portunhol*).
Se a voz da poeta ressona a transcendência, a visão penetra a profundência. "De vez em quando Deus me tira a poesia. / Olho pedra, vejo pedra mesmo" (*Paixão*). Nisso o poeta se compara ao místico: povoa-o um Outro que, no dizer de Tomás de Aquino, não é ele e, no entanto, funda a sua verdadeira identidade.

O silêncio místico

"Se um dia puder, nem escrevo um livro" (*Círculo*). João da Cruz, patrono dos poetas espanhóis, deixou três de seus quatro livros inacabados. Tomás de Aquino considerou, após seu êxtase em Nápoles, que toda a sua obra não passava de "palha". E não mais escreveu. Também para Adélia Prado, "a palavra (...) foi inventada para ser calada" (*Antes do nome*). E no mesmo poema ela frisa: "Quem entender a linguagem entende Deus / cujo Filho é Verbo. Morre quem entender."
A poesia mística, como em João da Cruz e Teresa de Ávila, é feita de gemidos, entrelinhas, hipotaxes e metáforas, como a linguagem dos amantes. "Que faço agora que vos

descubro em silêncio, / mas, dentro de mim, em meus olhos, / vertiginosa doçura?", pergunta Adélia em *A sagrada face*. Nos passos da "noite escura" de João da Cruz, a poeta reverbera: "O centro da luz é escuro / do negrume de Deus, / é sombra espessa de dia, / de noite tudo reluz" (*A seduzida*). Sem ceder ao proselitismo religioso que procura rechear a literatura de utilitarismo catequético, empobrecendo-a, Adélia Prado situa-se na vertente de Jorge de Lima e Murilo Mendes, Juana de la Cruz e Ernesto Cardenal, que não deixam o religioso que os habita sonegar o artista. Neles, a ética ganha força na expressão estética: "Sinto necessidade de bradar a Deus. / Ele está escondido, mas responde curto: / 'brim coringa não encolhe'. (...) 'Brim coringa não encolhe?' / Meu coração também não" (*O poder da oração*).

Adélia sabe, como todo aquele que faz da crença um caso de amor, que Deus é simples: "São elementares Deus e sua obra, / é macho e fêmea / sete cores / três reinos / um mandamento só: amai-vos" (*A carpideira*). Seu Deus nada tem do colérico juiz punidor que se gaba de entregar ao diabo seus filhos pecadores. É o *Abba* de Jesus, o Pai amoroso, com quem se diverte e brinca: "Quando Ele dá fé, já estou no colo d'Ele, / pego Sua barba branca, / Ele joga pra mim a bola do mundo, / eu jogo pra Ele" (*Duas maneiras*). Ela apenas balbucia, saciada: "Sei que Deus mora em mim / como sua melhor casa. / Sou sua paisagem, / sua retorta alquímica

/ e para sua alegria / seus dois olhos. / Mas esta letra é minha" (*Direitos humanos*).

Sua religiosidade não se ancora no cartesianismo teológico, pois "Estão equivocados os teólogos / quando descrevem Deus em seus tratados" (*A cicatriz*). E insiste: "Deus não existe assim pensável" (*Não blasfemo*). Sua imagem divina, jonathanianamente amorosa, brota da vivência teologal, da oração, da contemplação que dispensa imagens e palavras; não é doutrinária, é experimental, como quem ignora a composição química da água mas se deixa lavar com a alegria de menino em cachoeira: "Há mulheres no meu grupo que rezam sem alegria / e de cabo a rabo recitam o livro todo, / incluindo imprimatur, edições, prefácio, / endereço para comunicar as graças alcançadas. / Eu só quero dizer: Ó Beleza, adoro-Vos! / Treme meu corpo todo ao Vosso olhar" (*Biografia do poeta*). Sua espiritualidade é telúrica, apaixonada, como o "faça-se em mim a Vossa vontade" de Maria: "Não compreendo nada. Só Vos desejo e meu desejo é como se eu miasse por Vós" (*À soleira*).

Poeta em estado de gravidez permanente, seu canto encerra utopias. A mais definitiva e misteriosa de todas, o Reino de Deus, a redenção de toda essa Criação que, na expressão do apóstolo Paulo, geme em dores de parto. "... o que sob o céu mover e andar / vai seguir e louvar. / O abano de um rabo, um miado, / u'a mão levantada, louvarão" (*Um salmo*).

Prenhe de fé, Adélia não crê, ela sabe: "Levantaremos como deuses, / com a beleza das coisas que nunca pecaram, / como árvores, como pedras, / exatos e dignos de amor" (*O dia da ira*). Epifânica, sua poesia é de quem identifica Senhor e amor, e sabe-se acolhida pela compaixão divina: "Ó Deus, cujo Reino é um festim, / a mesa dissoluta me seduz, / tem piedade de mim" (*A boca*). Ela proclama que, no céu, "os militantes / os padecentes / os triunfantes / seremos só amantes".

A redenção do corpo

A teologia subjacente aos poemas de Adélia Prado transpõe o limiar do maniqueísmo e resgata a unidade semítica da Bíblia, onde conhecer e experimentar são sinônimos, e a proclamação canônica da fé afirma "a ressurreição da carne". "Livra-me, Senhor, da memória do pecado em meu espírito. / Louva-me com o hissopo e ficarei mais pura do que a neve" (*O corpo humano*). Não teme admitir que "erótico é a alma" (*Disritmia*). Exorcizada dos demônios da catequese fundamentalista, não resiste à troça: "O diabo uiva algemado nas profundezas do inferno, / enquanto eu / tiro o corpo da roupa" (*A batalha*). Esse exílio de Lúcifer liberta a alma da danação: "Como serei julgada, / se meu medo se esvai, o meu medo do inferno, / da face do Deus raivoso?" (*Não *blasfemo*). A poesia adeliana faz eco aos textos evangélicos, acentuando o amor acima dos preceitos e das virtudes: "De que vale pagar o dízimo da menta e da arruda, / Se meu coração não se desdobra?" (*Oração*).

Se Jesus pôde comparar o Reino do Céu ao grão de mostarda, à pérola, à moeda que a dona de casa perdeu, por que o espanto quando Adélia Prado admite que "o reino do céu é semelhante a um homem / como você, José" (*Agora, ó José*)? E se Jesus deixou que a pecadora pública lavasse seus pés, e em nenhum momento recriminou a samaritana por estar no sexto homem, e perdoou a mulher adúltera, então Adélia pode fazer eco aos poemas do nicaraguense José Coronel Urtrecho, que convida Deus ao leito nupcial, e proclamar: "E é tão simples e nu, continuou, / uma mulher fornida em sua cama / pode louvar a Deus, sendo apenas fornida e prazerosa" (*Sagração*).

No poema *Deus não rejeita a obra de suas mãos*, ela redime o corpo, retalhado pelo platonismo e crucificado pelos escrúpulos incuráveis de Santo Agostinho: "É inútil o batismo para o corpo, (...) o corpo não tem desvãos, só inocência e beleza, tanta que Deus nos imita / e quer casar com sua Igreja." E confessa: "... é em sexo, morte e Deus / que eu penso invariavelmente todo dia. / É na presença d'Ele que eu me dispo / e muito mais, d'Ele que não é pudico / e não se ofende com as posições no amor" (*O modo poético*).

Adélia Prado arrebata prometeicamente a carne de Deus e dá consistência ao que certa visão religiosa, o docetismo, espiritualizou de tal modo, a ponto de negar que, em Jesus, "o Verbo se fez carne". "Sem o corpo a alma de um homem não goza" (*A terceira via*). Em *Cabeça*, queixa-se que o pastor de sua diocese "pensa / que a fé tá lá em cima e cá em baixo / é mau gosto só". E partilha com os leitores seu caso de amor com Jonathan, personagem de destaque em sua obra *O Pelicano*. Mas quem é este que a faz suspirar e desejar? No poema *O sacrifício*, revela: "Jonathan é Jesus." Esse Jesus que "tem um par de nádegas! / (...) / E teu corpo na cruz, suspenso. / E teu corpo na cruz, sem panos: / olha para mim. / Eu te adoro, ó salvador meu / que apaixonadamente me revelas / a inocência da carne" (*Festa do corpo de Deus*).

A ressonância social

Sua poesia recusa o lirismo intimista, a nostalgia melancólica e alcança dimensão social fazendo eco ao contexto político e histórico em que se insere, tal como a Teologia da Libertação propõe à pregação da Igreja. Um exemplo é o poema *Terra de Santa Cruz*, que evoca o suicídio, em decorrência de torturas, de meu confrade frei Tito de Alencar Lima (1945-1974). "Onde estavam o guardião, o ecônomo, o porteiro, / a fraternidade onde estava quando saíste, / ó desgraçado moço da minha pátria, / ao encontro desta árvore?" E, contrariando a doutrina oficial da Igreja Católica, que ainda não superou o preconceito aos suicidas, incapaz de compaixão para com os desesperados, ela redime Tito e todos aqueles que, como ele, buscaram do outro lado da vida a unidade perdida deste lado: "É bom pedir socorro ao Senhor Deus dos Exércitos, / ao nosso Deus que é uma galinha grande. / Nos põe debaixo da asa e nos esquenta. / Antes, nos deixa desvalidos na chuva. / pra que aprendamos a ter confiança n'Ele / e não em nós."

A propósito, em *Moça na sua cama* deparamos, de novo, com a ironia: "Que bom não ser livro inspirado / o catecismo da doutrina cristã, / posso adiar meus escrúpulos / e cavalgar no torpor / dos monsenhores podados."

Se na obra de Adélia Prado é notória a religiosidade, no sentido etimológico de re-ligar, é porque ela professa, sem pudor ou pruridos, que "Poesia sois vós, ó Deus. / Eu busco Vos servir" (*O servo*). E acredita que "A poesia, a mais ínfima, é serva da esperança" (*Tarja*).

O poetar de Adélia Prado é uma forma, a mais bela, de orar. Com muita fé, ela proclama: "A poesia me salvará" (*Guia*). A ela e a todos nós que nos deixamos inebriar por seus poemas.

QUARTA-FEIRA DE CINZAS DE T.S. ELIOT

> *Poesia é a união de duas palavras*
> *que nunca se supôs que ficassem juntas,*
> *e que formam algo assim como um*
> *mistério.*
>
> Federico García Lorca

O poeta T.S. Eliot tornou-se cristão em 1927. Três anos depois publicou *Ash-Wednesday* (*Quarta--feira de Cinzas*), poema que mereceria figurar entre os salmos bíblicos.

"Porque não mais espero retornar", reza o primeiro verso. Retornar a quê? Imerso em transporte místico, o poeta não espera retornar ao que faz mesquinha a vida: "a este lhe invejando o dom e àquele o seu projeto." Nem mais espera conhecer "a vacilante glória da hora positiva".

Eliot despe-se do pudor acadêmico, ele que estudou em Harvard e Oxford, e ora "a Deus que de nós se compadeça / E rogo a Deus porque esquecer desejo / Estas coisas que comigo por demais discuto / Por demais explico". Nele ressoa a poética de Santa Teresa de Ávila: "Ensinai-nos a estar postos em sossego."

A segunda parte do poema simboliza Maria e a Santíssima Trindade. É a alma no "Jardim / Onde todo amor termina / Extinto o tormento / Do amor insatisfeito".

A terceira traz reflexos do *Purgatório* de Dante e do *Paraíso perdido* de Milton. Entre as imagens, destaca-se a escada, que remete ao *Castelo interior* teresiano, por onde trafega quem almeja atingir a plenitude através da ascese. "Na primeira volta" (...) combate-se "o demônio" (...) "oculto / Em dúbia face de esperança e desespero." Na segunda volta, "nenhuma face mais na escada em trevas". Eis a "noite escura" descrita por João da Cruz. Na terceira, irrompe a experiência mística: "Doce é o cabelo em desalinho (...) frêmito, música de flauta (...) Para além da esperança e do desespero." O poeta apropria-se da súplica do centurião do *Evangelho*: "Senhor, eu não sou digno / mas dizei somente uma palavra."

A quarta parte do poema é um hino a Maria, "a irmã silenciosa em véus brancos e azuis". Contemplá-la é "o indício da palavra inaudita, inexpressa (...) um coro de murmúrios / E depois disto nosso exílio", evocação do verso "e depois deste desterro", da *Salve Rainha*. Diante de Deus, o místico silencia.

Na quinta parte, Eliot canta que "a palavra perdida se perdeu", "a usada se gastou", mas perdura no "Verbo sem palavra, o Verbo / Nas entranhas do mundo". É o mistério da encarnação visto pela fé.

Transfigurado o olhar do místico, ele percebe que Deus é presença em todos e em tudo. Porém, é difícil encontrá-lo "onde o silêncio foi-lhe escasso". Maria, entretanto, vem em nosso socorro. "Rezará a irmã velada por aqueles / Que nas trevas caminham (...) Por aqueles que se querem imóveis e orar não podem."

A sexta e última parte do poema religa-se com a primeira. Vivemos "no crepúsculo encruzilhado de sonhos entre o nascimento e a morte". O poeta reza para que Deus faça com que ele "já não deseje tais coisas desejar". Aspira à hegemonia do espírito sobre a razão e os sentidos.

Nesse "tempo de tensão entre nascimento e morte", ele suplica à "Irmã bendita, santa mãe, espírito da fonte e do jardim" a ensinar-nos "a estar postos em sossego / Mesmo entre estas rochas". E clama no último verso: "Não permita que separado eu seja / E que meu grito chegue a Ti."

Em 1888, nasceu Eliot, transvivenciado em 1965. Seu poema é uma abençoada luz sobre nossos próprios caminhos. É o momento de meditarmos sobre nossa topografia interior. Quantos abismos, desfiladeiros, cavernas e avalanches? Quantas lagoas, florestas, jardins e veredas? Há muito sol ou muita sombra?

III. LITERATURA E POLÍTICA

VOOS LITERÁRIOS DE SAINT-EXUPÉRY

Livros são estranhas criaturas. Independem de seus autores. Percorrem caminhos imprevisíveis. Quase nunca o best-seller de hoje é o clássico de amanhã. Há quanto tempo sumiram das listas de mais vendidos *Meu pé de laranja-lima*, de José Mauro de Vasconcelos, e *Fernão Capelo Gaivota*, de Richard Bach?

A 29 de junho de 2000 fez cem anos que nasceu em Lyon, França, Antoine de Saint-Exupéry, autor do célebre *O pequeno príncipe* (1943). Tornou-se a obra mais citada por quem não se destaca pelo hábito da leitura. Nove, em cada dez misses, o mencionam como livro preferido. O que contribui para condená-lo ao limbo das prateleiras de autoajuda, sem que a densidade de seu conteúdo – uma metáfora filosófica sobre a amizade e o amor – seja captada por muitos leitores.

Saint-Exupéry tornou-se piloto de avião aos 21 anos. O gosto pela aventura fez dele, em 1926, um dos pioneiros do correio aéreo, nas perigosas rotas entre a França, a África e a América do Sul. Na década de 1930, empregou-se como piloto de provas. Um acidente obrigou-o a ficar um período em terra. De publicitário da Air France (1934), passou a repórter do jornal *Paris-Soir*, do qual foi correspondente de guerra na Espanha.

Em 1937, aceitou o risco de voar de Nova York à Terra do Fogo. O avião caiu na Guatemala e ele sobreviveu com algumas sequelas. Contudo, alistou-se no serviço de reconhecimento aéreo dos aliados, durante a Segunda Grande Guerra.

Em 31 de julho de 1944, não retornou da missão que o levou a sobrevoar, num Lightning P38, a região entre os Alpes franceses e o Mediterrâneo. Há indícios de que mergulhou próximo ao porto de Marselha.

Após sobreviver a duas grandes guerras e a dois acidentes aéreos, há quem suspeite que Saint-Exupéry tenha, deliberadamente, empreendido uma viagem sem volta. Dotado de um humanismo que oscilava entre o *Evangelho* de Jesus e o niilismo de Nietzsche, talvez quisesse atingir as estrelas e aterrissar no asteroide onde vive o pequeno príncipe...

Saint-Exupéry considerava que "voar ou escrever é a mesma coisa". Quem escreve sabe o quanto a afirmação procede, considerada a precária tecnologia aeronáutica da primeira metade do século XX. O autor decola em um voo cego, apenas com uma intuição da rota, sem certeza de quando e como será a aterrissagem.

Os voos literários do criador de *O pequeno príncipe* têm, entretanto, a arte de unir um estilo preciso com profundas reflexões sobre o sentido da vida. Em *Correio do Sul* (1929), cuja narrativa revela a influência de André Gide, ele enfatiza o senso de fraternidade. Na época, cobrindo a rota Casablanca-Dakar, salvou aviadores em pane e libertou cativos das tribos do deserto.

Voo noturno (1931) é uma obra que trata das interrogações e angústias do ser humano inquieto frente ao próprio destino. Em *Terra dos homens* (1939), que lhe fez merecer o grande prêmio da Academia Francesa, o estilo poético une-se à densidade filosófica do romance. Em *Piloto de guerra*, redigido em Nova York, em 1942, ele protesta contra o absurdo do conflito mundial e enfatiza os direitos humanos. "Os homens não têm mais tempo de conhecer coisa alguma. Compram tudo prontinho nas lojas. Mas, como não existem lojas de amigos, os homens não têm mais amigos" (*O pequeno príncipe*).

A obra-prima de Saint-Exupéry é mais profunda do que se supõe. Carolina Vigna estabelece uma aproximação com a obra-prima de Maquiavel: "Maquiavel escreveu *O príncipe* em 1513, depois de ser preso sob a acusação de conspiração em 1512, quando os Médicis voltaram ao poder em Florença (a Itália ainda não era unificada na época). Seu *príncipe* foi escrito na tentativa de obter favores dos Médicis, na nobreza, a quem Maquiavel servia. O narrador dá conselhos ao príncipe."

"Apesar de mais de 400 anos que os separam, esses autores são muito próximos. Ambos se dedicaram a escritos sobre guerras e estratégias militares, ambos com profunda influência religiosa de seus tempos e ambos gostam de se expressar por arquétipos e metáforas. Além disso, os dois *príncipes* foram escritos durante exílios políticos."*

Nesses tempos em que utopia soa como arcaísmo, competir se sobrepõe à solidariedade e o consumidor é mais valorizado que o cidadão, a obra de Antoine de Saint-Exupéry é um convite ao resgate do humanismo. Deveria ser leitura obrigatória nas escolas.

---

* Carolina Vigna, jornal *Rascunho*, novembro de 2015, p. 30.

LITERATURA COMO SUBVERSÃO

Sabemos todos que a arte literária é polissêmica. As palavras têm vida própria e se multiplicam em diferentes significados.

Todo leitor capta o texto a partir de seu contexto. E então extrai, para seu enriquecimento subjetivo e cultural, o pretexto. Ou melhor, o pós-texto. Dito de outro modo, o lugar sociocultural do leitor influi na hermenêutica do texto. Há sempre um diálogo entre o leitor e a narrativa. E, de certo modo, o leitor se espelha naquilo que lê. O enigma da esfinge – "Decifra-me ou te devoro" – bem se aplica ao exercício da leitura.

Todo ponto de vista é a vista a partir de um ponto – aquele no qual se encontra o leitor. O leitor A não coincide com o lugar sociocultural do leitor B. A mudança de lugar sociocultural provoca mudança de lugar epistêmico. Daí as diferenças hermenêuticas comportadas por um texto literário, como são exemplos a Bíblia, o Alcorão e *O capital* de Karl Marx.

Escrita subversiva

Não conheço obra literária de valor que faça apologia do stalinismo, do nazismo ou mesmo do capitalismo. Há, sim, obras que, amparadas por poderes ditatoriais, alcançaram grande sucesso de vendas, como é o caso de *Minha luta*, de Adolf Hitler. Mas êxito comercial não significa talento ou obra de arte.

Esta é a força da literatura sob as ditaduras: traduz o sofrimento das vítimas e dialoga com elas. Dá voz a quem foi silenciado. Dá vida a quem morreu assassinado. Não nasce da encomenda do poder, e sim do grito parado no ar, da garganta sufocada, do sentimento reprimido, da oceânica vocação humana à liberdade. É literalmente uma escrita subversiva, que corre "por baixo" e projeta luz crítica sobre o que se passa "por cima".

Cinco textos clássicos redigidos e divulgados sob regimes autoritários são os quatro *Evangelhos* e o *Apocalipse*. Foram escritos sob o Império Romano. E expressam a visão das vítimas, a partir daquela que mais se destacou – Jesus de Nazaré, preso, torturado e condenado à pena de morte romana: a cruz.

Nos *Evangelhos* são nítidas as críticas ao Império Romano e a seu preposto, o Sinédrio judaico. A começar pelo massacre das crianças decretado pelo rei Herodes. O símbolo das legiões romanas era o porco. E foi em uma vara de porcos que Jesus ordenou aos demônios entrarem e se precipitarem no abismo (*Mateus* 8, 28-34). O capítulo 23 de Mateus é, todo ele, uma forte denúncia ao poder autoritário, reforçado pela suposta sacralidade de se falar em nome de Deus. Ali as autoridades religiosas são tratadas como "hipócritas! Exploradores e ladrões! Guias cegos! Sepulcros caiados! Raça de víboras! Assassinos!".

A crítica mordaz não poupa nem Herodes Antipas, que decretou a decapitação de João Batista. Quando os fariseus alertaram Jesus: "Deves ir embora daqui, porque Herodes quer te matar", o homem de Nazaré qualificou o governador da Galileia de "raposa" (*Lucas* 13, 31-32).

O *Apocalipse* (= Revelação, tirar o véu) está distribuído em 22 capítulos. O livro se chama *Apocalipse* porque, ao tirar o véu, mostra ao leitor o outro lado das coisas. Aquilo que só a fé enxerga. Seus capítulos foram redigidos em diferentes épocas. Os iniciais, provavelmente escritos na província romana da Ásia (atual Turquia), no ano 64, sob a perseguição de Nero. Outros consideram que foram redigidos durante os anos em que os romanos promoveram o cerco de Jerusalém e o massacre da população da cidade (67-70). De todo modo, são textos sob a tirania. Textos que brotaram da lancinante angústia de quem já não suportava tanto sofrimento e perguntava: "Até quando, Senhor?" (6, 10).

Os capítulos introdutórios do *Apocalipse* se espelham no livro do *Êxodo*. Porque a pergunta é a mesma: quando estaremos livres das garras do faraó? A diferença é que, agora, o faraó chama-se imperador romano.

João convoca seus leitores a se colocarem em nível mais elevado que o palco de sofrimentos. Convida-os a se deslocarem de seu lugar geográfico e epistêmico e a ocuparem o lugar do qual Deus encara os fatos: o céu. "Ele encontrou a porta do céu aberta" (4, 1). E lá está o trono de Deus. A imagem do trono aparece 47 vezes no texto!

Do trono, o leitor tem uma visão abrangente, que abarca inclusive o futuro, "o que deve acontecer depois" (4, 1; 1,1). E quem olha a partir do trono de Deus relativiza todos os poderes da Terra!

O trono é envolvido pelo arco-íris, que evoca o fim do Dilúvio e a aliança de Deus com a humanidade. Ao redor do trono de Deus estão 24 tronos com 24 anciãos – são os líderes do Antigo e do Novo Testamento, os chefes das 12 tribos de Israel e os 12 apóstolos. Todos trajam roupas brancas e trazem coroas na cabeça – símbolos da vitória e da realeza.

Todo o texto do *Apocalipse* joga com duplo sentido. Os recursos do sonho e das visões permitem que o autor veja o passado e o futuro. Não há motivo para chorar, pois o Cordeiro – Jesus – conduz a história. A imagem do Cordeiro vem de *Isaías* 53, 7 e do cordeiro pascal, cujo sangue nos pórticos libertou os hebreus da dominação do faraó egípcio (*Êxodo* 12, 23). Esse díptico é constante em toda a literatura bíblica.

Na Bíblia, cavalo equivale, hoje, a um tanque de guerra, sinal do poder opressor. Os quatro cavalos do *Apocalipse* simbolizam as desgraças que o povo da época mais temia: cavalo branco (6, 2) – invasões de exércitos inimigos; cavalo vermelho (6, 4) – guerras e matanças; cavalo negro (6, 5) – fome e carestia; cavalo esverdeado, cor de cadáver (6, 8) – doenças, peste e morte.

Escritores vítimas da tirania

Na história universal da ignomínia, figuram inúmeros escritores vítimas da tirania: o apóstolo Paulo, condenado ao cárcere; Dante, ao exílio; Galileu, à abjuração; Campanella, à masmorra; Giordano Bruno, à fogueira; Dostoievski, ao fuzilamento.

Figuram também padre Antônio Vieira, vítima da Inquisição, e Cervantes, aprisionado pelos mouros na Argélia e por seus compatriotas, na Espanha. E ainda Gorki, Trotsky, Gramsci, Primo Levi e Soljenitsin. E Cláudio Manoel da Costa e Tomás Antônio Gonzaga; Graciliano Ramos e Jorge Amado; Monteiro Lobato e Mário Lago, e Carlos Drummond de Andrade em *A noite dissolve os homens* (1940). E mais recentemente, no Brasil, Augusto Boal, Álvaro Caldas, Flávio Tavares, Flávia Schilling, Fernando Gabeira, Renato Tapajós, Thiago de Mello e Maurice Politi, entre tantos outros que, na literatura, registraram suas memórias do cárcere ou do exílio.

As memórias dos "subterrâneos da liberdade", da perseguição ou do exílio são feitas de fragmentos, de diários inconclusos, de cartas censuradas, de romances nos quais a ficção é apenas um artifício para melhor traduzir a realidade. Elas têm tríplice finalidade: a primeira, terapêutica, permitir ao autor organizar minimamente seu caos interior e, na medida do possível, objetivar seu sofrimento, aplacar suas dores. Como bem expressa Ferreira Gullar em *Traduzir-se*:

"Uma parte de mim / é só vertigem; / outra parte, / linguagem. / Traduzir uma parte / na outra parte / – que é uma questão / de vida ou morte – / será arte?"

Fazer literatura é traduzir-se, traduzir a vertigem em linguagem, transformar o caos em cosmo, como assinala Adélia Bezerra de Meneses. "Quer percebamos claramente ou não", diz Antonio Candido, "o caráter de coisa organizada da obra literária torna-se um fator que nos deixa mais capazes de ordenar a nossa própria mente e sentimentos; e em consequência, mais capazes de organizar a visão que temos do mundo."

A segunda finalidade é denunciar a opressão, a ditadura, desvelando sua face cruel, monstruosa, que sequer admite a liberdade de opinião e pensamento. Por fim, transmutar o real, abrir os olhos e a mente dos leitores para outras dimensões e nuances do terror, como são exemplos notáveis a *Recordação da casa dos mortos*, de Dostoievski, e, aqui no Brasil, *Memórias do cárcere*, de Graciliano Ramos.

Como afirmou Augusto Roa Bastos, pela boca do ditador Francia, no célebre romance *Eu, o supremo*, "escrever não significa converter o real em palavras, mas sim fazer com que a palavra seja real".

E a terceira finalidade que, a rigor, deve figurar como primeira, é produzir obra de arte.

Literatura de resistência

O primeiro romance escrito na América de que se tem notícia foi *Periquillo sarniento*, do mexicano José Joaquín Fernández de Lizardi (1776-1827), publicado em 1816. Através das aventuras do protagonista, o autor descreve a vida colonial, e critica veladamente o colonizador espanhol. Desde então, a literatura latino-americana ficou marcada por uma íntima relação com a política.

A literatura, como toda obra de arte, é uma forma de resistência, de denúncia e de anúncio. Ela pode estar contida em um livro, manifesto ou mesmo em simples grafite gravado no muro de rua. Ali as palavras quebram o silêncio que nos é imposto, expressam nossa dor e nossa esperança, desmascaram e ridicularizam o tirano e a tirania.

"Ele (o romancista)", assinala Alfredo Bosi em seu clássico *Literatura e resistência,* "dispõe de um espaço amplo de liberdade inventiva. A escrita trabalha não só com a memória das coisas realmente acontecidas, mas com todo o reino do possível e do imaginável. O narrador cria, *segundo o seu desejo*, representações do bem, representações do mal ou representações ambivalentes. Graças à exploração das técnicas do foco narrativo, o romancista poderá levar ao primeiro plano do texto ficcional toda uma fenomenologia da resistência do *eu* aos valores ou antivalores do seu meio. Dá-se assim uma subjetivação intensa do fenômeno ético da resistência, que é a figura moderna do herói antigo."[*]

A literatura se nutre de nostalgia e de utopia. E muitas vezes as duas convergem, como no verso de Castro Alves, em *Poesia e mendicidade*:

"Hoje o Poeta – caminheiro errante, / Que tem saudades de um país melhor."

Excelente exemplo de arte literária que bem traduz o espanto frente à ignomínia é o brevíssimo conto de Augusto Monterroso, nascido em Honduras, em 1921, e falecido no

---

[*] *Literatura e resistência*, Companhia das Letras, São Paulo, 2002, pp. 121-122.

México, em 2003. Seu miniconto, intitulado *O dinossauro*, mereceu elogios de García Márquez, Carlos Fuentes e Isaac Asimov, e tem apenas sete palavras:

"Quando acordou, o dinossauro ainda estava lá."

Monterroso refugiou-se, ainda jovem, por razões políticas, na Guatemala e, posteriormente, no México. O conto do dinossauro é de seu primeiro livro, publicado em 1959, aos 38 anos, ironicamente intitulado *Obras completas (e outros contos)*. Ali já transparecia seu estilo satírico, que talentosamente utilizava para criticar injustiças e discriminações.

Todos nós, escritores latino-americanos nascidos no século XX, quando acordamos o dinossauro ainda estava lá... Entre intervalos de democracia burguesa, predominaram regimes ditatoriais, jurássicos, violentos, que nos fizeram mergulhar no pesadelo captado, no Brasil, pelas obras de Graciliano Ramos, Jorge Amado, Cecília Meireles, Antonio Callado, Carlos Drummond de Andrade, Thiago de Mello e tantos outros.

Ética e imaginário

A literatura logra contornar uma questão ética que se coloca sob as ditaduras: a mentira. Ali a razão política supera o valor ético. Se um dissidente ou opositor é interrogado a respeito da identidade de seus companheiros, a verdade deverá ser calada, omitida. Como diz Castoriadis, os efeitos de suas respostas não concernem apenas à sua pessoa, à sua consciência, à sua moralidade, mas à vida de muitas outras pessoas.

O escritor, entretanto, não tem, como autor, compromisso com a verdade. Como observou Platão, "os poetas mentem muito". O compromisso do escritor é com a verossimilhança. Ele transgride as regras da sintaxe e da ordem estabelecida. Sartre considera que o escritor, como intelectual, sente-se à vontade com o pensamento subversivo. Só tem de prestar contas a si mesmo. É a sua própria autoridade. Tem o poder de caricaturar, simular, sugerir, ridicularizar o poder e resgatar as vítimas. Como faz o autor do *Magnificat* no *Evangelho de Lucas*, ao proclamar que "o Senhor despediu os ricos de mãos vazias e saciou os pobres de bens; derrubou os poderosos de seus tronos e exaltou os humildes" (1, 46-55).

O escritor suscita o diálogo entre o real e o possível, o factual e o sonho. Como intelectual, jamais se instala na inércia de um saber adquirido. Está sempre se interrogando a respeito das concepções de mundo, dos modelos sociais, dos valores e normas que regem uma sociedade. Ele se inscreve nas fileiras do contrapoder político. Na opinião de Camus, o papel do escritor, como o de todo intelectual, é defender a lógica da indignação contra a lógica da resignação.

Sob ditadura, tirania ou opressão, o escritor inconformado lida com a mais poderosa arma do ser humano: a imaginação. Ela é capaz de suscitar o mais hediondo ato de violência ou o mais solidário gesto de amor. Pode desfantasiar o ditador – "o rei está nu" – e fantasiar o reino da liberdade (a utopia). E ao empunhar a sua pena, o escritor afirma a sua liberdade em relação a todos os poderes – civis, militares, políticos, econômicos e religiosos. Demole preconceitos. Aborda a condição humana com razão aberta, capaz de dialogar com as demais modalidades do saber.

O escritor é um indignado. A ele se aplica a máxima de Terêncio: "Nada do que é humano me é indiferente." Pois se recusa a aceitar o mundo tal como é ou parece ser. Contesta-o, critica-o, amplia suas potencialidades, transforma-o através de sua imaginação, povoa-o com seus personagens, transubstancia-o por sua arte.

Quando postado diante do pelotão de fuzilamento, em 1849, Dostoievski se convenceu do que, mais tarde, colocou na boca de um de seus personagens: "Podem destruir tudo, menos a mais poderosa arma que um homem possui: a sua consciência."

Toda obra literária é uma apologia à liberdade de consciência. E é na consciência que o artista se define como clone de Deus ao transformar fantasia em realidade, sonho em narrativa, intuição em arte. Daí o impacto da literatura, filha dileta do imaginário. É uma arte ontologicamente subversiva e subvertida, brota do chão da vida, dos porões de nosso psiquismo, de nossas reações atávicas ao que ameaça ou suprime a liberdade.

É curioso constatar que mesmo autores declaradamente simpáticos a ditaduras – como o foram Fernando Pessoa em relação a Salazar; Ezra Pound a Mussolini; Céline a Hitler; Borges a Pinochet e aos generais argentinos –, à revelia de suas convicções políticas conservadoras não deixaram de produzir obras de forte impacto subversivo, crítico, páginas que nos induzem a ansiar por mais liberdade, o que não deve ser confundido com liberalismo ou neoliberalismo. Como predisse o profeta Isaías, não há verdadeira liberdade se não estiver irmanada com a justiça, de modo a gerar paz.

Tenhamos sempre presente, entretanto, que a literatura não tem que ser de esquerda ou de direita, a favor ou contra o governo vigente. Tem que ser bela, obra de arte, signo estético, sem o que perde valor. Não se exija, portanto, literatura engajada, e sim de qualidade, capaz de suscitar em nós, leitores, um novo olhar sobre o real. Do escritor, sim, pode-se esperar engajamento, compromisso com a justiça, empenho contra a opressão. Até porque, em sua obra, ele nada mais faz do que nos abrir a outros mundos possíveis, através do imaginário que não conhece limites. Seu campo de trabalho é simplesmente o infinito.

A RAZÃO CRÍTICA DE CERVANTES ATRAVÉS DA LOUCURA DE DOM QUIXOTE

Dom Quixote, o primeiro grande romance da literatura universal, completou 400 anos em 2005. Dividido em duas partes, teve a primeira edição publicada em 1605, quando Cervantes andava pelos 57 anos. Obteve sucesso inesperado. Traduzida para o inglês em 1612 e para o francês em 1614, a obra atraía aos portos das Américas centenas de leitores ávidos por revistar as embarcações chegadas da Espanha à procura de um volume.

Em 1615, Cervantes publicaria a segunda parte das aventuras do cavaleiro da Mancha. No ano seguinte, a 23 de abril, ele haveria de se encontrar com Shakespeare do outro lado da vida, pois os dois faleceram no mesmo dia.

Toda obra de arte vale por sua beleza e não necessita de explicações. Ela é polissêmica e cada pessoa a aprecia a partir de sua sensibilidade. Por não ser uma qualidade inata, pode e deve ser apurada, acrisolada, refinada, de modo que se extraia da obra de arte o máximo proveito. O que para alguém são apenas dois pedaços de madeira cruzados ao acaso, para muitos é a cruz carregada de significado, símbolo de uma fé religiosa fecundada na história do Ocidente pelo sangue dos mártires.

Já foi dito também que todo texto é mais bem compreendido quando situado dentro de seu contexto. O impacto que causa a estética da arquitetura de *Dom Quixote* provoca a curiosidade da razão, suscitando interrogações que nos impelem ao irresistível e difícil trabalho de arqueologia do texto, como quem contempla a imponência das pirâmides do Egito e se indaga como foi possível obra tão monumental quando ainda os egípcios não conheciam a roda.

Em *Meditaciones sobre el Quijote*, Ortega y Gasset frisa que "no existe libro alguno cuyo poder de alusiones simbólicas al sentido universal de la vida sea tan grande y, sin embargo, no existe libro alguno en que hallemos menos anticipaciones, menos indicios para su propia interpretación".

O que sabemos, porque nos é dito pelo autor no próprio texto do romance, é que *Dom Quixote* é uma paródia dos livros de cavalaria. O autor pretendeu, segundo suas próprias palavras, "destruir a autoridade descabida que os livros de cavalaria exercem no mundo e entre o povo". No último capítulo da obra, quando Dom Quixote já se encontra no leito de morte e recupera a lucidez, voltando a ser o bom Alonso Quijano, ele desabafa aos amigos que o cercam: "Tenho o juízo já livre e claro, sem as sombras caliginosas da ignorância com que o ofuscou a minha amarga e contínua leitura dos detestáveis livros de cavalaria. Já conheço os seus disparates e as suas mistificações, e só me pesa ter chegado tão tarde este desengano, que não me deu tempo para me emendar, lendo outros que fossem luz da alma." E mais adiante: "Já sou inimigo de Amadis de Gaula e da infinita descendência de sua linhagem; já me são odiosas todas as histórias profanas de cavalaria andante; já conheço minha loucura e o perigo em que me pôs tê-las lido; já por misericórdia de Deus, e bem escarmentado, as abomino."

Um romance não é obra apenas da razão. Resulta, sobretudo, do inconsciente, lá onde a intuição garimpa a matéria-prima que surpreende o próprio autor. Portanto, ao motivo explícito revelado por Cervantes – a crítica radical à literatura de cavalaria – há que se perguntar que outras motivações o impeliram a dedicar tantos anos a uma obra tão bem estruturada. Não importa que essas motivações não tenham sido apontadas pelo autor e, quem sabe, nem eram conscientes. Assim como o funcionamento de um relógio pode ser mais bem compreendido ao desmontá-lo em suas diferentes peças, também o texto, como as pirâmides do Egito, contém galerias e redutos plenos de tesouros.

A crítica social

A crítica social de *Dom Quixote* é mais bem percebida ao recordar que o autor foi súdito da monarquia absolutista de

Felipe II, apoiada pela contrarreforma tridentina, e redigiu sua novela sob o reinado decadente de Felipe III. Felipe II arruinara a Espanha com a sua megalomania expansionista ao investir na dilatação de um império que abarcava desde as Filipinas ao norte da Europa, desde a África ao Novo Mundo latino-americano, até mesmo o Brasil, onde os portugueses foram os primeiros a aportar. As exorbitantes despesas militares, a obsessão por espalhar pelos mares sua Armada Invencível, os gastos com a exploração e a importação de ouro e prata das Américas foram fatores que mergulharam o país de Cervantes na espiral inflacionária e agravaram a crise social. A Mancha, terra de Dom Quixote, é o retrato da decadência do reino, onde o desemprego multiplicava pelos povoados e caminhos mendigos, pícaros, vadios, charlatães, bandidos, enfim, toda uma classe de marginalizados e excluídos cujos farrapos destoavam dos elmos dos oficiais do rei e dos heróis dos romances de cavalaria.

Em 1898, a Espanha perdeu, com a independência de Cuba, sua última colônia. Então *Quixote* passou a ser lido com novos olhos: Cervantes prefigurara ali a ruína da Espanha, desbancada de sua loucura imperialista – embora a herança conservadora da contrarreforma tenha produzido, no século XX, a aterradora figura do generalíssimo Franco.

Torna-se hoje mais fácil reler *Quixote* e destacar a sua aguda crítica social. Em 1605, já não havia castelos na Mancha. Existiam casebres, albergues e bodegas, entre os quais trafegariam o Cavaleiro da Triste Figura e Sancho Pança, seu fiel escudeiro, opondo-se a todas as instituições de poder: o Estado, a polícia, a Igreja e as atividades econômicas.

Em 1925, Américo Castro publicou *El pensamiento de Cervantes*, comprovando a influência de Erasmo de Rotterdam sobre Cervantes. López de Hoyos, professor do criador de *Quixote*, era um erasmista convicto. Em um trecho do romance é citado o livro de devoção *Luz del alma*, de frei Felipe de Meneses, também discípulo de Erasmo. Este erudito sacerdote flamengo dedicou-se a libertar a teologia do formalismo da escolástica decadente. Homem de mente aberta, tornara os textos bíblicos acessíveis aos leitores leigos ao desmistificar o rigor acadêmico dos textos teológicos, tão misteriosos e herméticos aos olhos do vulgo frente aos dogmas que o reforçavam.

Nutrido pelas fontes do pensamento humanista, como Platão, Aristóteles e Horácio, Cervantes relativizou tudo aquilo que o poder, tanto político quanto eclesiástico, absolutizava. Iniciou sua narrativa por nos contar que Alonso Quijano enlouqueceu de tanto ler. E a partir daí construiu o contraponto entre ilusão e verdade, mesclando realidade e sonho, cotidiano e quimérico, heroico e cômico, sem ceder ao ceticismo dos escritores barrocos.

Dom Quixote não é um romance picaresco, embora esteja repleto de pícaros. É uma sátira inconformista que arranca a máscara do império espanhol ao mostrar que não há heróis nem cavaleiros; há, sim, maus escritores, soldados indisciplinados, inquisidores disfarçados, médicos incompetentes, bandidos, assaltantes, camponeses e pastores.

Otto Maria Carpeaux observou que, influenciado pelo humanismo tolerante e crítico de Erasmo, Cervantes fez uma criação crítica e uma crítica criadora. Seu personagem defende as vítimas das injustiças praticadas pelos poderosos e nos alerta para a facilidade com que os nossos olhos míopes encaram a realidade: vemos gigantes maldosos onde há apenas moinhos de vento; exército de inimigos onde pasta um rebanho de ovelhas; um grande troféu numa simples bacia de barbeiro.

Amadis de Gaula e outros romances de cavalaria glorificavam a mentalidade feudal e a empresa colonizadora da Armada espanhola. Cervantes ergueu a sua pena contra todos aqueles que insistiam na loucura de pretender encobrir a verdade histórica com a ficção cosmética. Na folha de rosto da 1ª edição, há o desenho de um escudo e, nele, o lema: *Post tenebris, spero lucem* – "Depois das trevas, espero luz". A luz do antidogmatismo, que derruba as verdades absolutas e as certezas consideradas irremovíveis. A luz que nos permite ver que, de fato, tudo é ambíguo, contraditório, dialético. Até mesmo o próprio Cervantes, que no fim da vida escreveu – pasmem! – um romance de cavalaria, *Persiles y Segismunda*.

Bergamín (e não Chesterton, como muitos pensam), nos preveniu que "louco é aquele que perdeu tudo, menos a razão". E Michel Foucault, em *Les mots e les choses,* frisa que Quixote é o louco senhor da razão, mas não com a sua loucura, e sim com o seu protesto.

Hoje, o império são os EUA. E onde há apenas pequenas instalações industriais e bases petrolíferas, o governo estadunidense enxerga armas de destruição em massa; onde há apenas famílias trabalhadoras, vê terroristas; onde há tão somente homens e mulheres que praticam com devoção sua fé muçulmana, denuncia fanáticos e fundamentalistas.

Onde andarão os Cervantes capazes de derrotar com a sua pena aqueles que nos miram com as suas armas?

DOIS GÊNIOS EM FESTA NO CÉU

Em 23 de abril de 1616 houve festa no céu. Com certeza, um grande sarau literário. Naquela data, dois gênios da literatura universal deixaram o nosso mundo, que tão bem retratam em suas obras: o inglês William Shakespeare e o espanhol Miguel de Cervantes.

Se considerarmos que o calendário gregoriano havia sido adotado no reino de Castela desde o século XVI, e pela Inglaterra apenas em 1751, Shakespeare teria vivido 10 dias a mais do que Cervantes.

Shakespeare, nascido em 1564, viveu 51 anos. Cervantes, nascido em 1547, 68. Talvez os dois tenham se admirado com a coincidência de data ao se evadirem dessa Terra tão atribulada, e felizes por, afinal, se conhecerem pessoalmente. E exultaram se comungavam a esperança expressada, séculos mais tarde, por Jorge Luis Borges: "Sempre imaginei que o Paraíso fosse uma espécie de biblioteca." Espero que sim, pois nesse curto período de vida é impossível ler todos os livros que me interessam.

Shakespeare se casou aos 18 anos com a rica Anne Hathaway, de 26, que lhe deu três filhos: Susanna e os gêmeos

Hamnet e Judith. Em Londres, trabalhou como ator e escritor. Até 1590, influenciado pelo teatro italiano, escreveu principalmente comédias, como *A megera domada* e *A comédia dos erros*.

O melhor de sua produção foi entre 1590 e 1613. Em 1595, *Romeu e Julieta*. Em 1599, *Júlio César*. De 1600 a 1608, *Hamlet*, *Rei Lear* e *Macbeth*. Ao longo da vida, produziu 16 comédias, 12 tragédias e 11 dramas históricos.

Machado de Assis teria buscado em *Otelo* inspiração para criar o personagem Bentinho, do romance *Dom Casmurro*. E a revolta dos canjicas, na novela *O alienista*, seria a versão tupiniquim de rebelde Jack Cade, da peça *Henrique IV*.

O conto *A cartomante*, de Machado de Assis, abre com a famosa frase de Hamlet: "Há mais coisas entre o céu e a terra do que sonha a nossa filosofia."

Cervantes, com sua obra-prima, *Dom Quixote de la Mancha*, é considerado o pai do romance moderno. Assim como a obra de Shakespeare consolidou o idioma inglês, a de Cervantes produziu o mesmo efeito no espanhol.

Em 1569, aos 22 anos, Cervantes se refugiou na Itália, após ferir um desafeto com quem duelou. Em 1571, participou da batalha de Lepanto, quando a esquadra formada por países cristãos derrotou os soldados do Império Otomano, de fé islâmica. Ferido, ficou com a mão esquerda inutilizada.

Ao navegar de Nápoles a Castela, em 1575, foi capturado por corsários argelinos, que o retiveram por cinco anos, até receberem o resgate. Viveu em Lisboa entre 1581 e 1583.

De retorno à Castela, casou com Catalina de Salazar, em 1584, aos 37 anos, com quem teve a filha Isabel. No ano seguinte, publicou seu primeiro romance, *A galatea*. Preso em 1597 por dívidas bancárias, durante o ano que permaneceu no cárcere esboçou o *Dom Quixote*, cuja primeira parte se editou em 1605 e, a segunda, dez anos depois. Escreveu também novelas, comédias e poemas.

Além da coincidência de falecerem na mesma data, Shakespeare e Cervantes foram mestres no modo de tratar temas políticos com refinado talento artístico e, ao mesmo tempo, dissecar as profundezas da alma humana.

IV. APRENDER A LER

BRASIL LITERÁRIO

Ouço dizer que, no Brasil, há cerca de 80 eventos literários por ano. Eis uma boa notícia.

Na conferência de abertura da FLIP,* em julho de 2011, uma dupla de peso: Antonio Candido e José Miguel Wisnik. Falaram da vida e obra de Oswald de Andrade.

Antonio Candido, ali como único intelectual vivo que conheceu o autor de *Serafim Ponte Grande*, descreveu-o mineiramente, amenizando a virulência com que Oswald de Andrade atacava autores em suas críticas literárias, sem poupar ênfase na cor da pele e até na deficiência física de alguns deles. Mas sublinhou que o homenageado jamais guardava mágoa, e foi capaz de tomar a iniciativa de se reconciliar com o próprio Antonio Candido, após ridicularizá-lo em um texto crítico.

Wisnik, intelectual de múltiplos talentos, que trafega com autoridade entre literatura e música, fez uma descrição mais erudita das ideias de Oswald de Andrade.

---

* Festa Literária Internacional de Paraty.

Meu primeiro contato com a obra de Oswald de Andrade foi em 1966, quando José Celso Martinez Corrêa, diretor do Teatro Oficina, me convidou para assistente de direção na montagem de *O rei da vela*. A peça me parece melhor que o texto. Marcou o ápice do movimento tropicalista, uma forma irreverente de reação à ditadura militar.

Tentei gostar dos demais livros de Oswald de Andrade. Não consegui. Considero-os anárquicos demais para o meu gosto. Penso que o autor causou mais furor que os próprios livros. Talvez seja esta a razão por que Candido e Wisnik realçaram o homem e suas ideias e deixaram de lado a obra dele.

Também em Paraty, aplaudi entusiasmado a dupla Bartolomeu Campos de Queirós e Ana Maria Machado, na mesa do Movimento Brasil Literário. Bartô frisou que a escola não educa, adestra. Cobra em excesso, impede os alunos de usufruírem da liberdade que a literatura requer. Não há leitura proveitosa se o objetivo do professor é conferir quanto e como se leu. Não é por acaso, lembrou o escritor, que alunos castigados são, às vezes, remetidos à biblioteca...

A biblioteca deve ser o espaço de diálogo e não apenas de consulta, sugeriu Bartô. O livro não é apenas um texto que se lê, é também um texto que lê o leitor, dialoga com ele, muda sua ótica da vida, interpela e faz sonhar. "Não há problemas novos na vida humana. Há, sim, novas maneiras de encarar os mesmos problemas", acentuou o autor do romance *Vermelho amargo*.

Falta ao nosso país uma política de inclusão digital sustentável. Não basta dotar a escola de computador e conexão à internet. É preciso também uma proposta pedagógica para o bom uso da rede virtual, de modo a impedir a dispersão na coleta de dados e a formação de síntese cognitiva, pela qual os estudantes consigam relacionar o que apuram na rede.

O papel da literatura é ampliar o nosso campo de visão, aprofundar nossa consciência crítica e dilatar nosso potencial onírico. Viver sem sonhar é mero sonambulismo.

Festas e feiras literárias são sempre espaços democráticos ao caldeirão de ideias e opiniões. Tomara que se multipliquem Brasil afora.

FEIRAS DO LIVRO

Meus filhos terão computadores, sim, mas antes terão livros.
Sem livros, sem leitura, os nossos filhos serão incapazes de escrever, inclusive, a sua própria história.

BILL GATES

Participo de inúmeras feiras do livro e de outros eventos literários. Em todos constato o empenho dos promotores em promover o livro, despertar o interesse pela literatura e facilitar o contato entre leitores e escritores.

Ler é percorrer todos os períodos da história, penetrar conhecimentos científicos e técnicos, dar asas à imaginação, sem sair do lugar. Basta abrir o livro. É conhecer qualquer tema, da fabricação de vinhos à vida dos papas, decifrar o código alfabético em folhas de papel ou no monitor de um equipamento eletrônico. Ler é sonhar, poetar, divagar, expandir a fantasia e cultivar a sensibilidade.

A diferença entre ler e ver TV é que, no primeiro caso, o leitor escolhe o que lhe interessa. Com a vantagem de não se submeter à avalanche publicitária e adequar a programação – no caso, a leitura – ao ritmo de sua conveniência. E, considerando a baixa qualidade de conteúdo na TV brasileira, ler é absorver cultura.

No Brasil, o consumo de livros ainda é ínfimo. Aqui, o livro sofre o efeito Tostines: é caro porque vende pouco e vende pouco porque é caro. O governo, excetuando a compra de livros didáticos, não incentiva a produção e circulação de livros. Raros os municípios com bibliotecas públicas, e as poucas existentes nem sempre primam pela conservação das instalações e atualização do acervo. A informatização ainda engatinha e o leitor enfrenta, por vezes, dificuldades para ter acesso ao livro.

Assim, não é de se estranhar que alunos do 9º ano não consigam redigir uma simples carta sem cometer graves erros de concordância e sintaxe. A situação piora quando se trata de interpretar um texto. Lê-se o período sem conseguir entendê-lo...

Quem lê aprende a pensar, discernir, optar e escrever. O telejornal mostrou jovens diplomados na universidade, versados em inglês, porém reprovados em exames de seleção profissional por não saberem dominar o próprio idioma português.

O amor aos livros nasce na infância. Criança que jamais viu os pais lerem ou vive em uma casa desprovida de livros terá, com certeza, dificuldade de adquirir gosto pela literatura. Hoje recomenda-se ler histórias para os bebês, inclusive durante a gestação, de modo a favorecer as sinapses cerebrais e a elaboração de sínteses cognitivas. Ao ler ou contar uma história para crianças é normal ouvi-las recriarem em cima do que escutam. A imaginação entra em diálogo com o texto. A fantasia aflora, oxigenando o ouvinte psíquica e espiritualmente.

Já a TV não propicia essa interação, apenas impõe à criança o conteúdo de sua programação. E, de certo modo, anula a fantasia infantil, como se a TV fosse capaz de substituir o saudável exercício de dar asas à imaginação.

Não basta apenas ler a história. É preciso interagir com a criança: mostrar figuras, fazer perguntas, reproduzir sons sugeridos, imitar personagens etc.

Vale recordar que até os seis anos de idade assimilamos 90% de tudo que é importante aprender para fazer de cada um de nós um ser humano: comer, andar, falar, distinguir pessoas e relações de parentesco, discernir ocasiões de perigo ou risco, aprimorar o instinto de sobrevivência etc.

Crianças que escutam histórias desde cedo enriquecem seu vocabulário e desenvolvem a capacidade de compreensão e aprendizado. Pesquisas comprovam que o hábito da leitura em casa possibilita melhor aproveitamento escolar.

O grande perigo, hoje, é ver crianças e adolescentes "sequestrados" intelectualmente pela hipnose televisiva de baixa qualidade ou navegando à deriva na internet. Na verdade, naufragando... No caso da TV e do DVD, o risco de abdicarem da própria imaginação em prol das fantasias projetadas no monitor. Na adolescência, poderão buscar suprir a carência nas drogas.

O uso abusivo da internet, sobretudo quando se navega sem direção, torna o usuário vulnerável a um fluxo de estímulos e informações sem estrutura cognitiva e moral para selecioná-los ou discerni-los. E é bom lembrar que *ver* o que aparece na TV e na tela do computador não equivale a *ler* e, muito menos, a *escrever*.

Outrora, as feiras do livro tinham a característica de baratear o produto. Hoje, isso se torna cada vez mais raro.

Felizmente há, pelo Brasil afora, bibliotecas montadas por iniciativas voluntárias, cujos acervos dependem de doações. Na capital paulista, é possível tomar emprestado um livro nas estações de metrô. E o índice de não devolução é mínimo – o que consola nossa autoestima ética nessa nação de tantos políticos corruptos. Em Brasília, um açougue dispõe livros em pontos de ônibus. Na Baixada Fluminense, uma dona de casa transformou seu quintal em biblioteca pública.

Tomara que o propósito de o poder público instalar uma biblioteca em cada município brasileiro torne-se realidade um dia. O Brasil estará a salvo no dia em que as novas gerações forem viciadas em livros.

Bem cantam os versos de Castro Alves: "Oh! Bendito o que semeia / Livros... livros a mão cheia / E manda o povo pensar! / O livro caindo n'alma / É germe – que faz a palma / É chuva que faz o mar."

EDUCAR O OLHAR

Desde que me entendo por gente, a escola ensina análise de textos. Graças a essas aulas, aprendi o ufanismo de "criança, jamais verás um país como este"; conheci a paixão de Tomás Antônio Gonzaga por sua Marília; e deliciei-me com os poemas satíricos de Leandro Gomes de Barros, como estes versos tão atuais, escritos no início do século XX: "O Brasil é a panela / O Estado bota sal, / O Município tempera, / quem come é o Federal."

Pra que serve estudar literatura? Entre outras razões, para ler com mais acuidade o livro da vida, cujos autores e personagens somos nós. Quem lê, sabe distinguir entre arte e panfleto, jogo de rimas e poesia, experimentalismo barato e ficção de qualidade. Ler é um exercício de escuta e ausculta. Por isso, enquanto não chegam novos avanços tecnológicos, tenho a impressão de que ler livro na internet é como morar em Belo Horizonte e, em maio, ver a foto de um entardecer sobre as montanhas da cidade. Com todo respeito a quem o faz, é preferível contemplar a maravilha ao vivo.

Na adolescência, tive em cineclubes minha primeira educação do olhar. Após a exibição do filme, havia debates.

Ficava nítida a diferença entre obra de arte e mero entretenimento. Cultivava-se a sensibilidade, saturada pelas sagas melodramáticas dos pastelões de Hollywood e insaciada diante dos grandes mestres do cinema. A chatice do humor televisivo jamais produzirá um Chaplin.

Hoje, a imagem ocupa em nossos olhos mais espaço que o texto, graças à universalização da TV e da internet. No entanto, a escola parece não se dar conta de que vivemos em uma era imagética. Ou pior, compete com a TV e a internet com arrogante indiferença ou desprezo. Dentro da sala de aula ainda predomina a narrativa textual, a palavra escrita, a sequência demarcada por início, meio e fim, marcas da historicidade. Fora da escola, recebemos a avalanche de imagens, o vertiginoso coquetel que embaralha passado, presente e futuro, a narrativa implodida pelo recorte inconcluso dos clipes, a cultura definhada em diversão vazia.

Enquanto a escola se esforça, ao menos teoricamente, para formar cidadãos, a TV e a internet formam consumistas. Se, hoje, os alunos são mais indisciplinados que outrora, é porque não podem – ainda – mudar o professor de canal...

Por que não destronar a TV e a internet como rainhas do lar e levá-las para a sala de aula? Chegou a hora de nos emanciparmos do tirânico monólogo televisivo. Pode-se discordar de um jornal e escrever à seção de cartas dos leitores ou protestar no rádio, ligando para a emissora. Como queixar-se à televisão, uma concessão pública utilizada em função de interesses e lucros privados? O melhor recurso é inverter a relação: ela passa a ser objeto e, nós, sujeitos.

Imagino os alunos em sala de aula analisando programas de TV e clipes publicitários; transformando o jogo de emoções – fotos, sons, movimentos – em objeto da razão, decodificando os conteúdos dos programas e a carpintaria da produção televisiva. Atores e produtores de TV serem recebidos em salas de aula; a qualidade dos produtos ofertados, conferida. Seria aberto o debate sobre a "ética" implícita nos programas de auditório, onde pobres e nordestinos são ridicularizados, e na publicidade, que reduz a mulher a seus atributos físicos como isca de consumo.

Ver imagens na escola é educar o olhar. E, assim, dar importante passo rumo à democratização dos meios de comunicação, pois instituições de ensino também devem ter suas rádios comunitárias e produzir filmes. Só um olhar crítico abre-nos o horizonte da cidadania e da democracia real. Caso contrário, corremos o risco de ver cada vez mais caras e menos corações, acreditar que a predominância da estética dispensa ética, e crer que os sonhos são apenas casulos que não geram borboletas da utopia.

COMUNICAÇÃO: DIÁLOGO ENTRE EMISSOR E RECEPTOR

Acho a televisão muito educativa. Todas as vezes que alguém liga o aparelho, vou para outra sala e leio um livro.

GROUCHO MARX

Nunca houve tanta informação: rádio, TV, jornais, revistas, internet, cinema, publicidade, livros etc. Diante dessa multimídia globalizada, uma pergunta se impõe: somos bem informados?

A tecnologia de comunicação atual é, quanto à forma, a melhor que a humanidade já conheceu. E quanto ao conteúdo?

(Atenção: nem todo avanço tecnológico representa melhoria de qualidade. Exemplos: remédios industrializados costumam ter mais contraindicações que os naturais; perdemos o know-how egípcio de fazer pão que não endurece; e já não sabemos como os medievais produziam cortes na pele, para fazer sangria, sem deixar cicatrizes.)

Hoje, a mídia rompe todas as fronteiras de tempo (o vídeo traz Ayrton Senna ou Chico Mendes vivo) e de espaço (de São Paulo vemos o vulcão Etna, na Sicília, cuspindo lavas). A luz já não é a única a ocupar a pole position em matéria de velocidade. A informação é tão rápida quanto ela.

Emissores X receptores

Os emissores – que controlam os veículos de comunicação – sabem o que querem. Têm interesses, ideologia, ambições, alvos estratégicos, e os defendem com uma intransigência só comparável à sutileza com que revestem suas mensagens com a embalagem da suposta neutralidade.

Nós, os receptores, estamos aptos a acolher toda essa massa de informações? Temos resistência psíquica e capacidade de assimilação frente à avalanche de estímulos visuais, mentais e emocionais? Sabemos avaliar o conteúdo da informação?

O emissor é coletivo. Produzir livro, jornal, revista, TV, conteúdo da internet etc. é trabalho comunitário. Ora, o receptor só deixará de correr o risco de ser manipulado pelo emissor se também fizer um trabalho coletivo.

Censura à parte, a proposta de controle da mídia, sobretudo da TV, pela sociedade, deve significar formação de receptores coletivos. Era o que faziam os cineclubes das décadas de 1950 e 60. Ajudavam-nos a ter olho crítico diante dos filmes e nos ensinavam a apreciar as obras de arte.

Assim como nas escolas há disciplinas que introduzem os alunos à leitura, é hora de incluir nos currículos outras que os formem como telespectadores ou internautas. A TV e a internet são veículos demasiadamente sérios e poderosos para ficarem por conta só dos emissores. Por isso, é fácil entender por que tudo que é divulgado não é necessariamente divulgável e o que deveria ser divulgado nem sempre é. É preciso abrir o diálogo entre emissor e receptor. O emissor, como um sem orelhas, ganhará ouvidos. E o receptor, como um sem boca, ganhará voz. E a sociedade ficará mais democrática.

Contextualização

Se a transmissão da informação supera tempo e espaço, o mesmo não se dá na recepção. É limitada nossa capacidade de assimilação. E mais ainda a de compreensão. O carrossel de imagens descontextualiza a notícia. Vemos a bolsa de valores de Xangai, mas nem sempre temos ideia da localização daquela cidade no mapa. Sabemos que na Lapônia faz muito frio, e as renas são mortas a cacetadas, mas vacilamos quando se trata de localizá-la. Temos dificuldade de distinguir, na mídia, o falso do verdadeiro e o essencial do acessório. As imagens da TV e da internet são reais ou encenadas?

Temos o dado, mas falta a contextualização do dado (onde? quando? como? por quê?). Faltam-nos recursos para interpretá-lo. Ou será que os emissores preferem que haja cada vez mais indução e menos interpretação?

Apurar o senso crítico

Quanto mais pletórica a informação, mais superficial. Norbert Wiener, fundador da cibernética, dizia: "O homem moderno sabe fazer, mas não sabe compreender." Ora, sem compreensão a arte vira diversão; a cultura, entretenimento; a notícia, panaceia; o texto, enfadonho (daí os jornais tenderem a menos texto e mais fotos e ilustrações).

Há pouco, um americano calculou que um cidadão nova-iorquino, envolvido em sua rotina de locomoção diária, mais a mídia doméstica, é bombardeado por cerca de 8 mil apelos publicitários em um mesmo dia. *Se non è vero, è ben trovato*. E ainda indagamos quais as causas do estresse...

A crítica de Wiener lembra a perplexidade do profeta Isaías: "Vistes muitas coisas sem lhes dar atenção, tivestes os ouvidos abertos sem escutar" (42, 20). Temos os fatos às claras, mas carecemos de recursos para contextualizá-los e discerni-los. Assim como o televisor é um aparelho neutro, que tudo projeta, o telespectador é induzido a ser também um receptor neutro, insensível ao que recebe através da razão, porém emocionalmente moldável.

Alfred Grosser publicou, em 1959, o livro *Hitler, a imprensa e o nascimento de uma ditadura*. É uma análise de notícias extraídas de duas centenas de jornais europeus e americanos, entre 1932 e 1933. Todos registram, sem nenhum acento crítico, a gloriosa ascensão de Adolf Hitler! Afinal, ele tinha ódio aos comunistas, prometia resgatar o orgulho alemão (combalido após a Primeira Grande Guerra), acabar com o desemprego e fazer da nação uma grande potência. Raros homens públicos, como Churchill e o teólogo Karl Barth, atinaram para o perigo. Mas os leitores daqueles jornais achavam tudo tão interessante quanto milhares de brasileiros, trinta anos depois, diante do golpe militar de 1964.

Informação biológica

A informação é um fenômeno biológico. Nossas células não sobrevivem sem as informações transmitidas pelo DNA. São elas que permitem, no feto, a formação de ossos e músculos, órgãos e membros, bem como do intrincado sistema de irrigação sanguínea à fantástica eletroquímica dos neurônios, que fazem do cérebro humano o mais sofisticado e complexo sistema de comunicação.

Tome-se um exemplo: você odeia costeletas de porco fritas. De repente, aparecem no prato que lhe servem. Numa fração de segundo, seu cérebro decodifica a imagem recebida pelo olho e o cheiro remetido pelo olfato. São costeletas de porco fritas! A memória olfativa soma-se ao odor enjoativo. Você recorda do menino vomitando costeleta de porco fritas. A lembrança provoca náuseas, enquanto o cérebro ativa comandos que lhe reduzem o apetite.

Serviço da verdade

Informar é imprimir significado. Para o *Evangelho*, servir à verdade, dentro de paradigmas éticos que façam com que ela prevaleça sobre a mentira, bem como a luz sobre as trevas, o conhecimento sobre a ignorância, a sinceridade sobre a hipocrisia, a vida sobre a morte.

A mídia presta, em muitas ocasiões, esse serviço, mas, em geral, só quando estão em jogo grandes interesses. Torna inviáveis, por exemplo, as guerras que envolvem nações industrializadas (os EUA bombardeando aldeias do Oriente dá ibope; o genocídio causado por conflito entre dois países da África merece poucas linhas...). Em suma, a mídia dá quase nenhuma importância ao cenário captado pelas lentes de Sebastião Salgado (ele sim, sozinho, uma mídia alternativa).

Efeitos da informação

Do lado do receptor, a informação pode surtir dois efeitos nocivos: fanatismo ou ceticismo. O fanático julga que a sua informação traduz toda a verdade. O cético relativiza tudo e considera o mal uma endemia crônica. Para ele, "todo político é corrupto". O cético diz "não quero saber"; o fanático, "já sei de tudo".

Nesse sentido, a mídia tem o dever ético/pedagógico de matizar certezas e solapar desesperanças. Deve assumir seu papel de nutriente do espírito. Manter acesos valores humanos como autoestima, solidariedade, justiça e esperança.

David Riesman, sociólogo americano, no livro *A multidão solitária*, analisa o comportamento do público face à informação. Destaca três atitudes: indiferença, moralismo e coleta de informações como afirmação de status.

O indiferente é o receptor que delega poderes a um canal de mídia (uma TV ou um jornal, por exemplo). Dali ele colhe a informação como oráculo da verdade. Não lhe passa pela cabeça desconfiar do veículo. Está convencido de que jamais é enganado ou manipulado. Isso engendra nele uma segurança psíquica desprovida de responsabilidade. Ele se abandona ao veículo. Reveste-se de uma apatia que o protege de questionamentos ou da possibilidade de encarar os fatos por outra óptica. E ignora que se tornou um ser dócil nas mãos do veículo que elegeu.

O moralista julga que só ele detecta o mal com absoluta precisão. Ainda que não tenha poderes para melhorar o mundo, empenha-se em evitar que o mal se introduza no mundo. Diante dos fatos, oscila entre duas reações: indignação ou entusiasmo. Fica indignado diante de tudo aquilo que fere seus princípios morais. Sofre por não poder impor à complexidade da vida coletiva atual os padrões que regem sua conduta pessoal. Por isso, entusiasma-se quando assiste à repressão "aos maus costumes". Torce pela censura.

O colecionador de notícias procura "ficar por dentro" de tudo que ocorre nas altas esferas da sociedade. O olimpo do poder o fascina. Ele não gosta de ser considerado "por fora" ou como alguém que "não sabe das coisas". Inteirado do que fazem e como vivem as pessoas tidas por VIPs, sente-se virtualmente na intimidade do poder. Apropria-se verbal e virtualmente da vida alheia.

Todos os três são receptores apáticos do ponto de vista do engajamento social. Miram as notícias sem dar um passo para modificar o estado de coisas. São a galera, enquanto o campo fica dominado pelos arrivistas, sobretudo políticos profissionais. Assim, instala-se uma espécie de letargia coletiva e a realidade, com todas as notícias maravilhosas e tenebrosas, vira mero cenário.

É como se estivéssemos em um teatro personalizado – a poltrona da sala de casa ou a cadeira frente ao computador

– com os olhos atentos ao palco. O grave é que, de fato, *estamos também no palco e não podemos fugir desse drama chamado história humana.*

Fazer da mídia a musa da democracia real, eis o grande desafio nesse início de milênio.

O COMPANHEIRO QUE NÃO GOSTAVA DE LER

Os livros nos dão conselhos que os amigos não se atreveriam a nos dar.
SAMUEL SMILES

Eu não tinha muito a contribuir ao visitar o acampamento dos sem-terra no Pontal do Paranapanema. Fui ajudar a armar barracas de lona preta nas margens da rodovia, apelando, na memória, para as poucas noções que me restam de meus tempos de escoteiro. Pedro era o meu parceiro nessa tarefa, e uma das barracas se destinava à família dele.

Disseram a ele que sou escritor. Seus olhos negros brilhavam, e no rosto magro despontavam os primeiros fios de barba. Os ombros eram levemente curvados. As pernas altas e finas, exibidas sob a bermuda em trapos, davam-lhe uma agilidade que não transparecia na expressão da face.

– Você gosta de ler e escrever? – perguntou, enquanto, ágil no movimento do facão, arrancava o mato da beira da estrada.

– Gosto – respondi, sem tirar os olhos do chão que eu limpava com a foice.

– O que ganha com isso? – indagou ao levantar o tronco e passar o dorso da mão na testa suada.

Parei de capinar e encarei-o:

– Por que seu nome é Pedro?

Olhou-me confuso.

– Sei lá. Vai ver meus pais acharam que eu tinha cara de Pedro. Um dia perguntei isso pra vó. Ela disse que é por causa do santo.

Dei um sorriso e continuei a fazer o meu serviço. Minhas mãos ardiam.

– Tem ideia de quanto tempo faz que esse santo viveu?

– Sei lá, um tempão – respondeu, enquanto enfiava a enxada na terra em busca da raiz de um molho de ervas dentadas de espinhos.

– Dois mil anos, cara! Você se chama Pedro por causa de um homem que conviveu com Jesus há vinte séculos! Como a sua avó e os seus pais souberam da existência dele?

Pedro apanhou um galho que tinha aos pés e, num gesto mecânico, atirou-o no mato.

– Sei não. Vai ver andaram lendo na Bíblia.

– É isso, Pedro, leram na Bíblia ou ouviram alguém que leu falar de São Pedro. Se ninguém tivesse lido a Bíblia, ninguém saberia que Pedro foi um dos doze apóstolos de Jesus e, mais tarde, o primeiro papa da Igreja.

Ele me olhou de lado e afastou-se para apanhar as tábuas empilhadas num canto. Trouxe-as para dentro do pequeno quadrado que havíamos limpado. Ajudei-o a colocá-las lado a lado, de modo que nenhum pedaço de chão pudesse ser visto abaixo delas. Em seguida, passei a vassoura para tirar a poeira que ficara por cima. Minha camisa estava encharcada de suor. Pedro buscou o balde de água e o pano de chão para acabar de limpá-las. Com um pedaço de carvão, escreveu na ponta de uma tábua: "Pedro."

– Por que você gosta de ler? – perguntou ao empunhar o facão.

– Porque os livros contêm quase tudo que a gente precisa saber: a explicação da Bíblia, receitas de cozinha, como arar a terra, a origem das frutas, como armar uma barraca com paus e folhas. Pelos livros, a gente aprende a falar outras línguas, ligar um aparelho de som, combater as formigas, conhecer a história do Brasil, operar um computador. Quando leio, viajo pelo mundo sem sair do lugar.

– Como é isso? – disse ao traçar na terra um sulco com a ponta do facão, de modo a riscar um círculo em torno das tábuas. Estendeu-me a pá e pegou a enxada.

– À medida que o ser humano descobre as coisas, ele escreve para não esquecer – eu disse, olhando-o cavar a pequena valeta em volta do lugar em que seria armada a barraca, de modo a conter a água da chuva. – Se não sabe escrever, conta para quem sabe. Assim, a memória do mundo não se perde. Há livros sobre criação de coelhos e outros que contam a luta dos camponeses brasileiros. Até a origem do seu nome está nos livros. Pedro significa "pedra".

Fitou-me curioso, enquanto eu recolhia a terra revolvida pela enxada para, mais tarde, aterrar a barra de lona; logo seu semblante adquiriu uma sombra de desânimo.

— Nunca li um livro. Ou melhor, um dia peguei um; falava de sindicalismo. Comecei a ler, mas quando eu cheguei na página seguinte minha cabeça já tinha esquecido o que estava escrito antes. Cansei. Acho que livro não entra na minha cabeça.

— Ora, Pedro, deixe de bobagem! Você sabe arar a terra?

Animou-se e encheu o peito:

— Claro, não vê aí? Sou capaz de deixá-la fofinha pra receber a semente. Terra é como mulher, quanto mais a gente acarinha, melhor — disse, com um sorriso tímido.

— Pedro, ler é a mesma coisa. Quanto mais uma pessoa lê, mais aprende a ler. O importante é não ter medo do livro. Nem querer guardar na cabeça cada frase que leu.

Apoiei-me no cabo da pá e apontei-lhe um cartaz de propaganda erguido na beira da rodovia.

— Vê aquele cartaz?

— Sim.

— Agora, feche os olhos.

Apertou as pálpebras com força.

— Me responda o que viu no cartaz.

– Um carro novo.
– Qual a marca do carro?
– A marca? Não sei. Acho que é importado.
– As calotas são fechadas ou abertas?
– Não reparei.
– Pode abrir os olhos. Viu, Pedro, ler é assim: a gente não precisa guardar todos os detalhes, mas recebe a informação de que ali há um carro, uma história, uma explicação de como cultivar verduras em vasos de janela ou por que no Brasil há tanta desigualdade.

Pedro curvou a cabeça, quase encostando o queixo no peito nu.

– É que no livro tem palavras que não entendo – disse ao apanhar as varas preparadas para armar a "estrutura do telhado".

–Nem eu, Pedro – falei ao estender a corda para amarrar as varas.

Ergueu a cabeça em minha direção:

– Nem você?!

– É, nem eu. A língua portuguesa é mais rica que a inglesa. Ninguém é capaz de conhecer o significado de todas as palavras.

– O que faz quando encontra uma palavra difícil? – indagou agachado, atento ao buraco que cavava no chão, rente à tábua que servia de assoalho.

— Procuro no dicionário, apelidado de "pai dos burros". Ele explica o que significa cada palavra. Se não encontro no dicionário, pergunto pra quem sabe – respondi ao recolher, com as mãos, a terra que sobrava dos buracos.

— Pergunta?

— Claro, Pedro, ninguém sabe tudo, por mais que leia. Por isso, é errado dizer que uma pessoa é mais culta do que a outra, ensinava Paulo Freire. O que há são culturas paralelas, complementares nas relações que a vida tece entre as pessoas. Você, por exemplo, sabe o que é safra, irrigação, arrendatário, estiagem, ocupação, assentamento. Talvez muitos estudantes de medicina não consigam explicar o sentido dessas palavras, mas conhecem o que é etiologia, diagnóstico, tomografia e terapia, como eu sei o que é liturgia, pastoral, gregoriano, escatologia. Cada pessoa domina as palavras e as artes de seu mundo. O mundo do campo é diferente do mundo da cidade. Uma cozinheira sabe coisas que nem imagino, como preparar uma compota de figos em calda. Acho que, para sobreviver, dependo mais dos conhecimentos dela do que ela dos meus.

— Sim, eu sei – disse ao fincar a primeira estaca e martelar por cima –, mas vou confessar uma coisa: minha cabeça é pequena pra tanto livro. Começo a ler e fico logo cansado. Minha memória é curta, guarda pouca informação.

– Pedro, se você tivesse que ir ao congresso do MST* em São Paulo, iria a pé ou de ônibus?

– Claro que de ônibus. A pé demoraria um tempão.

– Pois ler é a mesma coisa. Pretender guardar na memória as informações de cada página é viajar a pé de Presidente Prudente a São Paulo. Custa muito. O importante é descobrir no texto o essencial, ou seja, chegar logo a São Paulo. Fique tranquilo, a memória guarda o que interessa.

– Como faz para ler tanto? – indagou ao terminar de enfiar as estacas.

– Vou dar a dica – falei ao desenrolar a corda e amarrá-la nas estacas –, ando sempre com um livro. Sempre. Mesmo que tenha certeza de que, naquele dia, não vai dar para ler uma linha. Se você se acostumar a carregar um livro, no fim da semana ficará surpreso ao constatar como leu bastante! No ponto do ônibus, no banheiro, ao esperar um amigo, na fila do supermercado ou antes de vir o sono.

– Vou tentar fazer isso. Quem sabe aprendo – comentou ao ajustar os nós do "telhado".

– Só um detalhe: há dois tipos de livro. Os de histórias inventadas pelo autor, chamados livros de ficção, e os ensaios, como aqueles que ensinam a plantar cenoura ou falam da história do Brasil. Não se deve ler ficção e ensaio do mesmo jeito.

---

* Movimento dos Trabalhadores Rurais Sem Terra.

– Como você faz? – perguntou ao conferir a firmeza das estacas e dos nós.

– Ficção eu leio de cabo a rabo. Se a história é boa, como esta aqui que estou relendo – apontei *As vinhas da ira*, de John Steinbeck, junto à minha sacola –, ela prende o leitor do começo ao fim. E a gente lê como se assistisse a um filme. Se não gosta da história ou do jeito de o autor escrever, então larga o livro de lado.

– E ensaio, como faz pra ler? – disse ao apanhar a lona preta e abri-la no asfalto.

– É diferente – reagi ao molhar o pano na água para limpar a lona. – Não preciso ler o livro de cabo a rabo. Basta consultar o índice e verificar quais os capítulos que mais me interessam. Então, vou direto neles. Por exemplo: se estou interessado na história da luta do campo no Brasil, procuro alguns livros que tratam deste tema. Não vou ler um por um, do início ao fim. Se o meu interesse é conhecer um período dessa história – durante a ditadura militar, por exemplo –, seleciono, em cada livro, os capítulos que tratam daqueles anos. E nem passo os olhos pelos outros capítulos.

– E como faz pra guardar na cabeça tanta informação? – perguntou ao jogar a lona sobre as estacas.

– Não guardo. Pego um caderno e procuro anotar o que me interessa. Sem copiar todas as palavras da página. Só os pontos mais importantes, que anoto com as minhas próprias palavras.

– Mas vou te dizer uma coisa – disse ao prender a lona nas estacas. – As tarefas da militância me ocupam muito – desculpou-se.

– Ora, Pedro, não me venha com essa! – retruquei ao ajudá-lo a estender bem a cobertura da barraca. – José Martí, que leu uma biblioteca e escreveu tantos livros que dariam para encher esta barraca, morreu de armas na mão para libertar Cuba da dominação espanhola. Lênin, que liderou a Revolução Russa, também leu e escreveu livros e mais livros. Militante que não lê pode cair no ativismo. Age só pela emoção, quase nunca pela razão. E, como não lê, não sabe como foram as lutas do passado. Portanto, corre o risco de repetir no presente os erros do passado, comprometendo a conquista de um futuro melhor.

– E como se pode ler – disse ele, enquanto ajustava o papelão por dentro da barraca, ampliando o espaço – se a gente tem que participar de reuniões e ocupações, cuidar do acampamento ou roçar o assentamento?

– É uma questão de disciplina – respondi, enquanto, com uma tesoura, ajeitava a "porta" da barraca. – O primeiro cuidado é aquele que já expliquei: andar sempre com um livro. É bom formar um grupo de estudos aqui no acampamento.

– Como é isso? – indagou ao jogar a terra tirada da valeta sobre a barra da lona, para evitar infiltração de água.

– Por exemplo, vocês poderiam organizar aqui um grupo interessado em conhecer melhor a história da luta pela terra no Brasil. Então, os participantes do grupo buscariam livros que tratam do tema: pesquisariam em bibliotecas, procurariam nas livrarias, pediriam emprestado aos amigos, solicitariam doações a quem tem recursos e é solidário ao MST. Depois, dividiriam os textos entre eles. Cada um leria um livro ou um capítulo. Na reunião do grupo, cada participante contaria o que leu e o que pensa daquilo que leu. Assim, o proveito seria maior.

– E se eu ficar nessa de não ler? – perguntou ao colocarmos na barraca os utensílios de sua família: fogareiro, dois colchões, duas sacolas estufadas de roupa, uma estampa de Nossa Senhora do Perpétuo Socorro, uma caixa com pratos de plástico e talheres, um rádio de pilha Zenith, um crucifixo.

– Se ficar nessa, Pedro, o pouco de leitura que você aprendeu na escola vai se perder, que nem água em balde furado. E a sua cabeça será feita pela TV, pelas notícias de rádio, pelos jornais. Você não pode esquecer que todos os fatos têm, pelo menos, duas versões, a dos grandes e a dos pequenos. Você sabe que um sem-terra e um latifundiário não contam do mesmo jeito como ocorreu uma ocupação.

– Sei disso. Para nós, uma ocupação é uma atitude justa, é coisa de dar graças a Deus. Para o fazendeiro, é obra do diabo.

– Por isso, é importante ter opinião própria, argumentos. Um dia, a história dos sem-terra estará também nos livros. As gerações futuras só poderão conhecê-la pelos livros ou por filmes e outras obras de arte, que costumam ser baseadas em livros. Assim como, hoje, conhecemos a história da Conjuração Mineira, liderada por Tiradentes, ou da Revolução Cubana, comandada por Fidel.

– Quer dizer que o livro faz a nossa cabeça? – perguntou.

– Nem sempre – reagi. – Há muita gente lida que é capaz das maiores atrocidades. Empresários brasileiros que liam os clássicos e gostavam de música erudita financiaram centros de tortura durante a ditadura militar. Não convém absolutizar os livros e a leitura.

– Você me convenceu a ler – disse sorrindo, enquanto, afastados, observávamos a barraca armada, satisfeitos com o nosso trabalho.

– E você me ensinou como se prepara um acampamento sem os recursos industrializados do escotismo. Muito obrigado – falei.

– Agora você já pode até escrever um livro contando como se levanta barraca em beira de estrada – brincou.

– Boa sugestão! E não deixarei de registrar que tive, em você, um excelente mestre, pois tudo o que está nos livros vem da matéria-prima da vida. O saber e o viver andam sempre de mãos dadas. Se o primeiro tem a cabeça, o segundo tem os pés no chão.

EU, O LIVRO

Sou muito especial. Minha tecnologia é insuperável. Funciono sem fios, bateria, pilhas ou circuitos eletrônicos. Sou útil até mesmo onde não há energia elétrica. E posso ser usado mesmo por uma criança: basta abrir-me.

Nunca falho, não necessito de manual de instruções, nem de técnicos que me consertem. Dispenso oficinas e ferramentas. Sou isento a vírus, embora figure no cardápio das traças. Se algo em mim o leitor não entende, há um similar que explica todos os meus vocábulos.

Através de mim as pessoas viajam sem sair do lugar. Não é fantástico? Basta abrir-me e posso levá-las à Roma dos Césares ou à Índia dos brâmanes, aos estúdios de Hollywood ou ao Egito dos faraós, ao modo como as baleias cuidam de seus filhos e aos paradoxos dos buracos negros.

Sou feito de papiro, pergaminho, papel, plástico e, hoje, existo até como matéria virtual. Domino todos os ramos do conhecimento humano. E, ao contrário dos seres humanos, jamais esqueço. Se me consultam, elucido dúvidas, respondo indagações, suscito reflexão, desperto emoções e ideias.

Posso ensinar qualquer idioma: tupi, grego, mandarim ou russo. Até línguas mortas, como o latim. Introduzo as pessoas na meditação e nos segredos da culinária mineira, nas partículas subatômicas e na história do automóvel, nas maravilhas dos jardins suspensos da Babilônia e nos hábitos dos escorpiões.

Para utilizar-me, a pessoa escolhe o lugar mais confortável: cama, sofá da sala, tamborete da cozinha, degrau da escada ou banco do ônibus. Posso oferecer-lhe os poemas de Fernando Pessoa e os salmos da Bíblia; as noções de como operar um monitor de TV e a biografia de John Lennon; as viagens de Marco Polo e os cálculos da propulsão das naves espaciais.

Trabalho em silêncio, e nunca incomodo ninguém, pois jamais insisto. É o meu leitor que se cansa e, neste caso, pode fechar-me e continuar a leitura horas ou dias depois. Não fujo, não saio do lugar, não abandono quem cuida de mim. Fico ali à espera, em cima de uma mesa ou enfiado na prateleira, sem alterar o meu humor. Exceto quando sou alvo da cobiça de pessoas sem escrúpulos, que me roubam de meus legítimos donos.

Revelo a quem me procura o que for de seu interesse: como cuidar do jardim ou detalhes da Guerra do Paraguai; a incrível paixão entre Romeu e Julieta ou a atribulada vida amorosa de Elvis Presley; os segredos de fabricação de um bom vinho ou as mil e uma interpretações de *As Mil e Uma Noites*.

Pode-se estar comigo e, ao mesmo tempo, ouvir música ou viajar de trem, navio ou avião, sem necessidade de pagar a minha passagem. Sou transportável, manipulável e até descartável. Mas costumo enganar a quem confia nas aparências: nem sempre o meu rosto revela o conteúdo.

Sem mim, a humanidade teria perdido a memória. E, possivelmente, não ficaria sabendo que Deus se revelou a ela. Sou portador de epifanias e sonhos, tragédias e esperanças, dores e utopias. E sou também uma obra de arte, dependendo de como os meus autores tecem e bordam as letras que preenchem as minhas páginas.

Livre e lido, sou o livro.

Bibliografia

ALTER, Robert. *A arte da narrativa bíblica*. São Paulo: Companhia das Letras, 2007.
ARISTÓTELES. *Arte retórica e arte poética*. São Paulo: Difusão Europeia do Livro, 1959.
ARRIGUCCI JR., Davi. *O guardador de segredos*. São Paulo: Companhia das Letras, 2010.
AUERBACH, Erich. *Introdução aos estudos literários*. São Paulo: Cultrix, 1972.
_____.*Mimesis: a representação da realidade na literatura ocidental*. São Paulo: Perspectiva, 2011.
BARTHES, Roland. *O rumor da língua*. São Paulo: Brasiliense, 1988.
BARTHES, Roland e outros (Jakobson, Picchio, Cohen, Ruwet, Todorov, Kristeva, Bakhtine, Genette, Marcus e Jansen). *Linguística e literatura*. Lisboa: Edições 70, 1980.
BAUDELAIRE, Charles. *Poesia e Prosa*. Rio de Janeiro: Nova Aguilar, 2006.
BOSI, Alfredo. *Literatura e resistência*. São Paulo: Companhia das Letras, 2002.
CANDIDO, Antonio. *Formação da literatura brasileira. Momentos decisivos (1750-1880)*. Rio de Janeiro: Ouro sobre Azul, 2007.
_____.*Literatura e sociedade*. Rio de Janeiro, Ouro sobre Azul, 2014.
_____.*Iniciação à literatura brasileira*. Rio de Janeiro, Ouro sobre Azul, 2015.
CASTORIADIS, Cornelius. *Les carrefours du laberynthe*. Paris: Éditions du Seuil, 1978.
CHIAMPI, Ilemar (coordenação). *Fundadores da modernidade*. São Paulo: Ática, 1991.

EAGLETON, Terry. *Teoria da literatura: uma introdução*. São Paulo: Martins Fontes, 2006.

FAGUET, Émile. *A arte de ler*. Rio de Janeiro: Casa da Palavra, 2009.

FLAUBERT, Gustave. *Cartas exemplares*. Rio de Janeiro: Imago, 1993.

HENRIQUES, Claudio Cezar. *Literatura como objeto do desejo – quando as visões linguístico-gramatical e teórico-literária se encontram*. Rio de Janeiro: UERJ, 2011.

LAGE, Claudia. "*As pessoas, os escritores – por que escrever ficção, como criar mundos possíveis.*" Jornal *Rascunho* 107, março de 2009, p. 16.

LAJOLO, Marisa e ZILBERMAN, Regina, *Das tábuas da lei à tela do computador – a leitura em seus discursos*. São Paulo: Ática, 2009.

MANN, Thomas. *O escritor e sua missão – Goethe, Dostoievski, Ibsen e outros*. Rio de Janeiro: Zahar, 2011.

MORTIMER, J. Adler e VAN DOREN, Charles. *Como ler livros – o guia clássico para a leitura inteligente*. São Paulo: É Realizações, 2011.

RIVANDEIRA, Ariel. *Como escrever um livro – 100 perguntas e respostas*. São Paulo: Ediouro, 2009.

SZPACENKOPF, Maria Izabel Oliveira. *O olhar do poder – a montagem branca e a violência no espetáculo telejornal*. Rio de Janeiro: Civilização Brasileira, 2003.

TELES, Gilberto Mendonça. *A retórica do silêncio – teoria e prática do texto literário*. São Paulo: Cultrix/MEC, 1979.

WILLER, Cláudio. *Um obscuro encanto – gnose, gnosticismo e poesia moderna*. Rio de Janeiro: Civilização Brasileira, 2010.

WOOD, James. *Como funciona a ficção*. São Paulo: CosacNaify, 2011.

OBRAS DE FREI BETTO

EDIÇÕES NACIONAIS:
1. *Cartas da prisão* – 1969-1973, Rio de Janeiro, Agir, 2008 (Essas Cartas foram publicadas anteriormente em duas obras –*Cartas da Prisão* e *Das Catacumbas*, pela Civilização Brasileira, Rio de Janeiro. *Cartas da Prisão*, editada em 1974, teve a 6ª edição lançada em 1976.) Companhia das Letras, no prelo.
2. *Das catacumbas*. Rio de Janeiro: Civilização Brasileira, 1976 (3ª edição, 1985) – obra esgotada.
3. *Oração na ação*. Rio de Janeiro: Civilização Brasileira, 1977 (3ª edição, 1979) – obra esgotada.
4. *Natal, a ameaça de um menino pobre*. Petrópolis: Vozes, 1978 – obra esgotada.
5. *A semente e o fruto, Igreja e Comunidade*. Petrópolis: Vozes, 3ª edição, 1981 – obra esgotada.
6. *Diário de Puebla*. Rio de Janeiro: Civilização Brasileira, 1979 (2ª edição, l979) – obra esgotada.
7. *A vida suspeita do subversivo Raul Parelo* (contos), Rio de Janeiro: Civilização Brasileira, l979 (esgotada). Reeditada sob o título de *O Aquário Negro*. Rio de Janeiro: Difel, 1986. Nova edição do Círculo do Livro, 1990. Em 2009, foi lançada nova edição revista e ampliada pela Agir, Rio de Janeiro – obra esgotada.

8. *Puebla para o povo*. Petrópolis: Vozes, 1979 4ª edição, 1981 – obra esgotada.
9. *Nicarágua livre, o primeiro passo*. Rio de Janeiro: Civilização Brasileira, 1980. Dez mil exemplares editados em Jornalivro, São Bernardo do Campo, ABCD-Sociedade Cultural, 1981 – obra esgotada.
10. *O que é Comunidade Eclesial de Base*, São Paulo, Brasiliense, 5ª edição, 1985. Coedição Abril, São Paulo, 1985, para bancas de revistas e jornais – obra esgotada.
11. *O fermento na massa*. Petrópolis: Vozes, 1981 – obra esgotada.
12. *CEBs, rumo à nova sociedade*. São Paulo: Paulinas, 2ª edição, 1983 – obra esgotada.
13. *Fogãozinho, culinária em histórias infantis* (com receitas de Maria Stella Libanio Christo), Rio de Janeiro, Nova Fronteira, 1984 (3ª edição, 1985). Nova edição da Mercuryo Jovem, São Paulo, 2002 (7ª edição).
14. *Fidel e a religião, conversas com Frei Betto*. São Paulo: Brasiliense, 1985 (23ª edição, 1987). Edição do Círculo do Livro, São Paulo, 1989 (esgotada). Terceira edição, Fontanar, 2016, Istambul-Turquia, Ayrinti – Yayinlari, 2016.
15. *Batismo de sangue*, Os dominicanos e a morte de Carlos Marighella. Rio de Janeiro: Civilização Brasileira, 1982 (7ª edição, 1985). Reeditado pela Bertrand do Brasil, Rio de Janeiro, 1987 (10ª edição, 1991). Edição do Círculo do Livro, São Paulo, 1982. Em 2000 foi lançada a 11ª edição revista e ampliada – *Batismo de Sangue* – A luta clandestina contra a

ditadura militar – Dossiês Carlos Marighella & Frei Tito – pela Casa Amarela, São Paulo. Em 2006, foi lançada a 14ª edição, revista e ampliada, Rocco.
16. *OSPB, Introdução à política brasileira.* São Paulo: Ática,1985, (18ª edição, 1993) – obra esgotada.
17. *O dia de Angelo* (romance). São Paulo: Brasiliense, 1987 (3ª edição, 1987). Edição do Círculo do Livro, São Paulo, 1990 – obra esgotada.
18. *Cristianismo & marxismo.* Petrópolis: Vozes, 3ª edição, 1988 – obra esgotada.
19. *A proposta de Jesus* (Catecismo Popular, vol. I). São Paulo: Ática, 1989 (3ª edição, 1991) – obra esgotada.
20. *A comunidade de fé* (Catecismo Popular, vol. II). São Paulo: Ática, 1989 (3ª edição, 1991) – obra esgotada.
21. *Militantes do reino* (Catecismo Popular, vol. III). São Paulo: Ática, 1990 (3ª edição, 1991) – obra esgotada.
22. *Viver em comunhão de amor* (Catecismo Popular, vol. IV). São Paulo: Ática, 1990 (3ª edição, 1991) – obra esgotada.
23. *Catecismo popular* (versão condensada), São Paulo, Ática,1992 (2ª edição, 1994) – obra esgotada.
24. *Lula – biografia política de um operário.* São Paulo: Estação Liberdade, 1989 (8ª edição, 1989). Lula – Um Operário na Presidência. São Paulo: Casa Amarela, 2003 – edição revisada e atualizada.
25. *A menina e o elefante* (infantojuvenil). São Paulo: FTD, 1990 (6ª edição, 1992). Em 2003, foi lançada nova edição revista pela Editora Mercuryo Jovem, São Paulo (3ª edição).

26. *Fome de pão e de beleza*. São Paulo: Siciliano, 1990 – obra esgotada.
27. *Uala, o amor* (infantojuvenil). São Paulo: FTD, 1991 (12ª edição, 2009). Nova edição, 2016.
28. *Sinfonia universal, a cosmovisão de Teilhard de Chardin*. São Paulo, Ática, 1997 (5ª edição revista e ampliada). A 1ª edição foi pelas Letras & Letras, São Paulo, 1992. (3ª edição, 1999). Rio de Janeiro: Vozes, 2011.
29. *Alucinado som de tuba* (romance). São Paulo: Ática, 1993 (20ª edição, 2000).
30. *Por que eleger Lula presidente da República* (Cartilha Popular), São Bernardo do Campo, FG, 1994 – obra esgotada.
31. *O paraíso perdido – nos bastidores do socialismo*, São Paulo, Geração, 1993 (2ª edição, 1993). Na edição atualizada, ganhou o título *O paraíso perdido – viagens ao mundo socialista*. Rio de Janeiro: Rocco, 2015.
32. *Cotidiano & Mistério*. São Paulo: Olho d'Água, 1996. (2ª edição, 2003) – obra esgotada.
33. *A obra do Artista – uma visão holística do universo*. São Paulo: Ática, 1995 (7ª edição, 2008). Rio de Janeiro: Editora José Olympio, 2011.
34. *Comer como um frade – divinas receitas para quem sabe por que temos um céu na boca*. Rio de Janeiro: Francisco Alves, 1996 (2ª edição, 1997). Rio de Janeiro: Editora José Olympio, 2003.
35. *O vencedor* (romance). São Paulo: Ática, 1996 (15ª edição, 2000).

36. *Entre todos os homens* (romance). São Paulo: Ática, 1997 (8ª edição, 2008). Na edição atualizada, ganhou o título *Um homem chamado Jesus*. Rio de Janeiro: Rocco, 2009.
37. *Talita abre a porta dos evangelhos*. São Paulo: Moderna, 1998 – obra esgotada.
38. *A noite em que Jesus nasceu*. Petrópolis: Vozes, 1998 – obra esgotada.
39. *Hotel Brasil* (romance policial). São Paulo: Ática, 1999 (2ª edição, 1999). Na edição atualizada, ganhou o título *Hotel Brasil – o mistério das cabeças degoladas*. Rio de Janeiro: Rocco, 2010.
40. *A mula de Balaão*. São Paulo: Salesiana, 2001.
41. *Os dois irmãos*. São Paulo: Salesiana, 2001.
42. *A mulher samaritana*. São Paulo: Salesiana, 2001.
43. *Alfabetto – autobiografia escolar*. São Paulo: Ática, 2002. (4ª edição).
44. *Gosto de uva – textos selecionados*. Rio de Janeiro: Garamond, 2003.
45. *Típicos tipos – coletânea de perfis literários*. São Paulo: A Girafa, 2004 – obra esgotada.
46. *Saborosa viagem pelo Brasil – Limonada e sua turma em histórias e receitas a bordo do Fogãozinho* (com receitas de Maria Stella Libanio Christo), São Paulo, Mercuryo Jovem, 2004. (2ª edição).
47. *Treze contos diabólicos e um angélico*. São Paulo: Planeta do Brasil, 2005.
48. *A mosca azul – reflexão sobre o poder*. Rio de Janeiro: Rocco, 2006.

49. *Calendário do poder.* Rio de Janeiro: Rocco, 2007.
50. *A arte de semear estrelas.* Rio de Janeiro: Rocco, 2007.
51. *Diário de Fernando – Nos cárceres da ditadura militar brasileira.* Rio de Janeiro: Rocco, 2009.
52. *Maricota e o mundo das letras.* São Paulo: Mercuryo Novo Tempo, 2009.
53. *Minas do ouro.* Rio de Janeiro: Rocco, 2011.
54. *Aldeia do silêncio.* Rio de Janeiro: Rocco, 2013.
55. *O que a vida me ensinou.* São Paulo: Saraiva, 2013.
56. *Fome de Deus – Fé e espiritualidade no mundo atual.* São Paulo: Paralela, 2013.
57. *Reinventar a vida.* Petrópolis: Vozes, 2014.
58. *Começo, meio e fim.* Rio de Janeiro: Rocco, 2014.
59. *Oito vias para ser feliz.* São Paulo: Planeta, 2014.
60. *Um Deus muito humano – Um novo olhar sobre Jesus.* São Paulo: Fontanar, 2015.

EM COAUTORIA

1. *Ensaios de Complexidade* (com Edgar Morin, Leonardo Boff e outros). Porto Alegre, Sulina, 1977 – obra esgotada.
2. *O povo e o papa. Balanço crítico da visita de João Paulo II ao Brasil* (com Leonardo Boff e outros). Rio de Janeiro: Civilização Brasileira, 1980 – obra esgotada.
3. *Desemprego – causas e consequências* (com dom Cláudio Hummes, Paul Singer e Luiz Inácio Lula da Silva). São Paulo: Edições Paulinas, 1984 – obra esgotada.
4. *Sinal de contradição* (com Afonso Borges Filho). Rio de Janeiro: Espaço e Tempo, 1988 – obra esgotada.

5. *Essa escola chamada vida* (com Paulo Freire e Ricardo Kotscho). São Paulo: Ática, 1988 (18ª edição, 2003) – obra esgotada.
6. *Teresa de Jesus: filha da Igreja, filha do Carmelo* (com Frei Cláudio van Belen, Frei Paulo Gollarte, Frei Patrício Sciadini e outros), São Paulo, Instituto de Espiritualidade Tito Brandsma, 1989 – obra esgotada.
7. *O plebiscito de 1993 – Monarquia ou república? Parlamentarismo ou presidencialismo?* (com Paulo Vannuchi). Rio de Janeiro: ISER, 1993 – obra esgotada.
8. *Mística e espiritualidade* (com Leonardo Boff), Rio de Janeiro, Rocco,1994 (4ª edição, 1999). Rio de Janeiro: Garamond (6ª edição, revista e ampliada, 2005). Rio de Janeiro: Vozes, 2009.
9. *A reforma agrária e a luta do MST* (com vários autores). Petrópolis: Vozes, 1997 – obra esgotada.
10. *O Desafio Ético* (com Eugenio Bucci, Luis Fernando Verissimo, Jurandir Freire Costa e outros), Rio de Janeiro/Brasília: Garamond/Codeplan, 1997 (4ª edição).
11. *Direitos mais humanos* (organizado por Chico Alencar com textos de Frei Betto, Nilton Bonder, D. Pedro Casaldáliga, Luiz Eduardo Soares e outros). Rio de Janeiro: Garamond, 1998.
12. *Carlos Marighella – o homem por trás do mito* (coletânea de artigos organizada por Cristiane Nova e Jorge Nóvoa). São Paulo: UNESP, 1999 – obra esgotada.
13. *7 Pecados do Capital* (coletânea de artigos, organizada por Emir Sader) – Rio de Janeiro, Record, 1999 – obra esgotada.

14. *Nossa Paixão Era Inventar Um Novo Tempo* – 34 depoimentos de personalidades sobre a resistência à ditadura militar (organização de Daniel Souza e Gilmar Chaves). Rio de Janeiro: Rosa dos Tempos, 1999 – obra esgotada.
15. *Valores de uma Prática Militante*, com Leonardo Boff e Ademar Bogo. São Paulo: Consulta Popular, Cartilha nº 9, 2000 – obra esgotada.
16. *Brasil 500 Anos: trajetórias, identidades e destinos*. Vitória da Conquista: UESB (Série Aulas Magnas), 2000 – obra esgotada.
17. *Quem está escrevendo o futuro?* – *25 textos para o século XXI* (coletânea de artigos, organizada por Washington Araújo). Brasília: Letraviva, 2000 – obra esgotada.
18. *Contraversões – civilização ou barbárie na virada do século*, em parceria com Emir Sader. São Paulo: Boitempo, 2000 – obra esgotada.
19. *O Indivíduo no Socialismo*, com Leandro Konder, São Paulo, Fundação Perseu Abramo, 2000 – obra esgotada.
20. *O Decálogo* (contos), com Carlos Nejar, Moacyr Scliar, Ivan Angelo, Luiz Vilela, José Roberto Torero e outros. São Paulo: Nova Alexandria, 2000 – obra esgotada.
21. *As tarefas revolucionárias da juventude*, reunindo também textos de Fidel Castro e Lênin. São Paulo: Expressão Popular, 2000 – obra esgotada.
22. *Estreitos Nós* (lembranças de um semeador de utopias), com Zuenir Ventura, Chico Buarque, Maria da Conceição Tavares e outros. Rio de Janeiro, Garamond, 2001 – obra esgotada.

23. *Diálogos Criativos*, em parceria com Domenico de Masi e José Ernesto Bologna. São Paulo: DeLeitura, 2002. Rio de Janeiro: Sextante, 2006.
24. *Democracia e construção do público no pensamento educacional brasileiro*, organizadores Osmar Fávero e Giovanni Semeraro. Petrópolis, Vozes, 2002 – obra esgotada.
25. *Por que nós, brasileiros, dizemos Não à Guerra*, em parceria com Ana Maria Machado, Joel Birman, Ricardo Setti e outros. São Paulo: Planeta, 2003.
26. *A paz como caminho*, com José Hermógenes de Andrade, Pierre Weil, Jean-Yves Leloup, Leonardo Boff, Cristovam Buarque e outros. Coletânea de textos, organizados por Dulce Magalhães, apresentados no Festival Mundial da Paz. Rio de Janeiro: Quality Mark, 2006.
27. *Lições de Gramática para quem gosta de literatura*, com Moacyr Scliar, Luis Fernando Verissimo, Paulo Leminski, Rachel de Queiroz, Ignácio de Loyola Brandão e outros. São Paulo: Panda Books, 2007.
28. *Sobre a esperança – diálogo*, com Mario Sergio Cortella. São Paulo, Papirus, 2007.
29. *40 olhares sobre os 40 anos da Pedagogia do oprimido*, com Mario Sergio Cortella, Sérgio Haddad, Leonardo Boff, Rubem Alves e outros. São Paulo: Instituto Paulo Freire, 2008.
30. *Dom Cappio: rio e povo*, com Aziz Ab'Sáber, José Comblin, Leonardo Boff e outros. São Paulo: Centro de Estudos Bíblicos, 2008.
31. *O amor fecunda o Universo – ecologia e espiritualidade*, com Marcelo Barros. Rio de Janeiro: Agir, 2009 – obra esgotada.

32. *O parapitinga Rio São Francisco,* fotos de José Caldas, com Walter Firmo, Fernando Gabeira, Murilo Carvalho e outros. Rio de Janeiro: Casa da Palavra, 2009.
33. *Conversa sobre a fé e a ciência,* com Marcelo Gleiser, Rio de Janeiro: Editora Agir, 2011 – obra esgotada.
34. *Bartolomeu Campos de Queirós – Uma inquietude encantadora,* com Ana Maria Machado, João Paulo Cunha, José Castello, Marina Colasanti, Carlos Herculano Lopes e outros, São Paulo, Moderna 2012 – obra esgotada.
35. *Belo Horizonte – 24 autores –* com Affonso Romano de Sant'Anna, Fernando Brant, Jussara de Queiroz e outros. Belo Horizonte: Mazza Edições Ltda.
36. *Dom Angélico Sândalo Bernardino – Bispo profeta dos pobres e da justiça –* Dom Paulo Evaristo Arns, Dom Pedro Casaldáliga, Dom Demétrio Valentini, Frei Gilberto Gorgulho, Ana Flora Andersen e outros, São Paulo, ACDEM, 2012.
37. *Depois do silêncio – Escritos sobre Bartolomeu Campos de Queirós,* com Chico Alencar, José Castello, João Paulo Cunha e outros. Belo Horizonte: RHJ Livros Ltda., 2013.
38. *Nos idos de Março –* A ditadura militar na voz de 18 autores brasileiros, com Antonio Callado, Nélida Piñon, João Gilberto Noll e outros. São Paulo: Geração, 2014.
39. *Mulheres –* com Affonso Romano de Sant'Anna, Fernando Fabbrini, Dagmar Braga e outros. Belo Horizonte: Mazza Edições, 2014.
40. *Advertências e esperanças – Justiça, Paz e Direitos Humanos,* com frei Carlos Josaphat, Marcelo Barros, Frei Henri Des

Roziers, Ana de Souza Pinto e outros. Goiânia: Editora PUC Goiás, 2014.
41. *Marcelo Barros – A caminhada e as referências de um monge,* com Dom Pedro Casaldáliga, Dom Tomás Balduino, Carlos Mesters, João Pedro Stédile e outros, Recife: Edição dos Organizadores, 2014.
42. *Dom Paulo Evaristo Cardeal Arns – Pastor das periferias, dos pobres e da justiça,* com Dom Pedro Casaldáliga, Fernando Altemeyer Júnior, Dom Demétrio Valentim e outros. São Paulo: Casa da Terceira Idade Tereza Bugolim, 2015.
43. *Cuidar da casa comum,* com Leonardo Boff, Maria Clara Lucchetti Bingemer, Pedro Ribeiro de Oliveira, Marcelo Barros, Ivo Lesbaupin e outros. São Paulo: Editora Paulinas, 2016.
44. *Criança e consumo – 10 anos de transformação,* com Ana Olmos, Adriana Cerqueira de Souza e outros. São Paulo: Instituto Alana, 2016.

EDIÇÕES ESTRANGEIRAS:
1. *Dai Soterranei della Storia.* Milão, Itália: Arnoldo Mondadori, 2ª edição, 1973.
2. *Novena di San Domenico.* Brescia, Itália: Queriniana, 1974.
3. *L'Eglise des Prisons.* Paris, França: Desclée de Brouwer, 1972.
4. *La Iglesia Encarcelada.* Buenos Aires, Argentina: Rafael Cedeño Editor, 1973.
5. *Brasilianische Passion.* Munique, Alemanha: Kösel Verlag, 1973.

6. *Fangelsernas Kyrka*. Estocolmo, Suécia: Gummessons, 1974.
7. *Geboeid Kijk ik om mij heen*. Bélgica-Holanda: Gooi en sticht bvhilversum, 1974.
8. *Creo desde la carcel*. Bilbao, Espanha: Desclée de Brouwer, 1976.
9. *Against Principalities and Powers*. Nova York, EUA: Orbis Books, 1977.
10. *17 Días en Puebla*. Cidade do México, México: CRI, 1979.
11. *Diario di Puebla*. Brescia, Itália: Queriniana, 1979.
12. *Lettres de Prison*. Paris, França: Éditions du Cerf, 1980.
13. *Lettere dalla Prigione*. Bolonha, Itália: Dehoniane, 1980.
14. *La Preghiera nell'Azione*. Bolonha, Itália: Dehoniane, 1980.
15. *Que es la Teología de la Liberación?* Lima, Peru: Celadec, 1980.
16. *Puebla para el Pueblo*. Cidade do México, México: Contraste, 1980.
17. *Battesimo di Sangue*. Bolonha, Itália, Asal,1983. Nova edição revista e ampliada publicada pela Sperling & Kupfer, Milão, 2000. Ekdoseis twn Synadelfwn, Grécia, 2015.
18. *Les Freres de Tito* Paris, França: Éditions du Cerf, 1984.
19. *El Acuario negro*. Havana, Cuba: Casa de las Americas, 1986.
20. *Comunicación popular y alternativa* (com Regina Festa e outros). Buenos Aires, Argentina: Paulinas, 1986.
21. *La Pasión de Tito*. Caracas, Venezuela: Ed. Dominicos, 1987.
22. *El Día de Angelo*. Buenos Aires, Argentina: Dialectica, 1987.
23. *Il Giorno di Angelo*. Bolonha, Itália: E.M.I., 1989.
24. *Los 10 mandamientos de la relacion Fe y Politica*. Cuenca, Equador: Cecca, 1989.

25. *Diez mandamientos de la relación Fe y Política*. Panamá, Ceaspa,1989.
26. *De Espaldas a la Muerte*, Dialogos con Frei Betto. Guadalajara, México: Imdec, 1989.
27. *Fidel y la Religion*. Havana, Cuba: Oficina de Publicaciones del Consejo de Estado,1985. Até 1995, editado nos seguintes países: México, República Dominicana, Equador, Bolívia, Chile, Colômbia, Argentina, Portugal, Espanha, França, Holanda, Suíça (em alemão), Itália, Tchecoslováquia (em tcheco e inglês), Hungria, República Democrática da Alemanha, Iugoslávia, Polônia, Grécia, Filipinas, Índia (em dois idiomas), Sri Lanka, Vietnam, Egito, Estados Unidos, Austrália e Rússia. Há uma edição cubana em inglês. Ocean Press, Austrália, 2005.
28. *Lula. Biografía Política de un Obrero*. Cidade do México, México: MCCLP, 1990.
29. *A Proposta de Jesus*. Gwangju, Coreia: Work and Play Press, 1991.
30. *Comunidade de Fé*. Gwangju, Coreia: Work and Play Press, 1991.
31. *Militantes do Reino*. Gwangju, Coreia: Work and Play Press, 1991.
32. *Viver em Comunhão de Amor*. Gwangju, Coreia: Work and Play Press, 1991.
33. *Het waanzinnige geluid van de tuba*. Baarn, Holanda: Fontein, 1993.
34. *Allucinante suono di tuba*. Celleno, Itália: La Piccola Editrice, 1993.

35. *Uala Maitasuna*. Tafalla, Espanha: Txalaparta, 1993.
36. *Día de Angelo*. Tafalla, Espanha: Txalaparta, 1993.
37. *Mística y Espiritualidad* (com Leonardo Boff), Buenos Aires, Argentina: CEDEPO, 1995. Cittadella Editrice, Itália, 1995.
38. *Palabras desde Brasil* (com Paulo Freire e Carlos Rodrigues Brandão). Havana, Cuba: Caminos, 1996.
39. *La musica nel cuore di un bambino* (romance). Milão, Itália: Sperling & Kupfer, 1998.
40. *Hablar de Cuba, hablar del Che* (com Leonardo Boff). Havana, Cuba: Caminos, 1999.
41. *La Obra del Artista – una visión holística del Universo*. Havana, Cuba: Caminos, 1998. Nova edição foi lançada em 2010 pela Editorial Nuevo Milênio.
42. *La Obra del Artista – una visión holística del Universo*. Córdoba, Argentina: Barbarroja, 1998.
43. *La Obra del Artista – una visión holística del Universo*. Madri, Espanha: Trotta, 1999.
44. *Un hombre llamado Jesus* (romance). Havana, Cuba: Caminos, 1998.
45. *Uomo fra gli uomini* (romance). Milão, Itália: Sperling & Kupfer, 1998.
46. *Gli dei non hanno salvato l'America – Le sfide del nuovo pensiero político latino-americano*. Milão, Itália: Sperling & Kupfer, 2003.
47. *Gosto de uva*. Milão, Itália: Sperling & Kupfer, 2003.
48. *Hotel Brasil*. Paris, França: Éditions de l'Aube, 2004.

49. *Non c'e progresso senza felicità*, em parceria com Domenico de Masi e José Ernesto Bologna. Milão, Itália: Rizzoli-RCS Libri, 2004.
50. *Sabores y Saberes de la Vida – Escritos Escogidos*. Madri, Espanha: PPC Editorial, 2004.
51. *Dialogo su pedagogia, ética e partecipazione política*, em parceria com Luigi Ciotti., Turim, Itália: Edizioni Gruppo Abele, 2004.
52. *Ten Eternal Questions – Wisdom, insight and reflection for life's journey*, em parceria com Nelson Mandela, Bono, Dalai Lama, Gore Vidal, Jack Nicholson e outros. (Organizado por Zoë Sallis.) Londres: Duncan Baird Publishers, 2005. Edição portuguesa pela Platano Editora, Lisboa, 2005.
53. *50 cartas a Dios*, em parceria com Pedro Casaldaliga, Federico Mayor Zaragoza e outros. Madri, Espanha: PPC, 2005.
54. *Hotel Brasil*. Roma, Itália: Cavallo di Ferro Editore, 2006.
55. *El Fogoncito*. Havana, Cuba: Editorial Gente Nueva, 2007.
56. *The Brazilian Short Story in the Late Twentieth Century – A Selection from Nineteen Authors*. Toronto, Canadá: The Edwin Mellen Press, 2009.
57. *Un hombre llamado Jesus* (romance). Havana, Cuba: Editorial Caminos, 2009.
58. *La obra del artista – Una visión holística del Universo*. Havana, Cuba: Editorial de Ciencias Sociales, 2009.
59. *Increíble sonido de tuba*. Madri, Espanha, Ediciones SM, 2010.
60. *Reflexiones y vivencias en torno a la educación* – y otros autores. Madri, Espanha: Ediciones SM, 2010.
61. *El ganador*. Madri, Espanha: Ediciones SM, 2010.

62. *La mosca azul* – Reflexiones sobre el poder, Austrália, Ocean Press, 2005, Havana, Cuba, Editorial Ciências Sociales, 2013.
63. *Quell'uomo chiamato Gesù*. Bolonha, Itália: Editrice Missionária Italiana, 2011.
64. *Maricota y el mundo de las letras*. Havana, Cuba: Editorial Gente Nueva, 2012.
65. *El amor fecunda el universo – Ecología y espiritualidade,* con Marcelo Barros. Madri, Espanha: PPC Editorial y Distribuidora, 2012. Havana, Cuba: Editorial Ciências Sociales, 2012.
66. *La mosca azul – reflexión sobre el poder.* Havana, Cuba: Editorial Nuevo Milenio, 2013.
67. *El comienzo, la mitad y el fin*. Havana, Cuba: Editorial Gente Nueva, 2014.
68. *Un sabroso viaje por Brasil – Limonada y su grupo en cuentos y recetas a bordo del Fogoncito*. Havana, Cuba: Editorial Gente Nueva, 2013.
69. *Brasilianische Kurzgeschichten,* com Lygia Fagundes Telles, Rodolfo Konder, Deonísio da Silva, Marisa Lajolo e outros. Karlsruhe, Alemanha, Arara-Verlag, 2013.
70. *Hotel Brasil* – The mistery of severed heads. Londres, Inglaterra: Bitter Lemon Press, 2014.
71. *La niña y el elefante*. Havana, Cuba: Editorial Gente Nueva, 2015.
72. *Minas del Oro*. Havana, Cuba: Editorial Arte y Literatura, 2015.
73. *Golpe en Brasil. Genealogia de una farsa,* em parceria com Noam Chomsky, Michel Löwy, Adolfo Pérez Esquivel, entre outros. Buenos Aires, Editorial Clacso, Argentina, junho 2016.

PALAVRA FINAL

Como você começa o seu dia? Você tem uma rotina matinal?

Reservo 120 dias do ano para escrever. Não são seguidos, mas são sagrados. Levanto muito cedo, pois sou mais criativo pela manhã. Escrevo até sentir fome, por volta de 14h. Faço o meu almoço, uma breve sesta e volto a escrever. Ao cair do sol, passo a ler ou ver o noticiário na TV. Aproveito também esses dias para orar e meditar um pouco mais.

Em que hora do dia você sente que trabalha melhor? Você tem algum ritual de preparação para a escrita?

Como disse acima, trabalho melhor pela manhã. Sou matutino... Como tenho sempre artigos a escrever, pois colaboro com vários jornais, e livros a adiantar, escrevo primeiro à mão e em seguida passo para o computador.

Você escreve um pouco todos os dias ou em períodos concentrados? Você tem uma meta de escrita diária?

Sim, escrevo todos os dias, mesmo quando estou fora do meu retiro literário. Escrevo em aeroportos, durante uma reunião chata, na espera do dentista etc. Escrever é, para mim, um prazer, nunca um sofrimento.

Como é o seu processo de escrita? Uma vez que você compilou notas suficientes, é difícil começar? Como você se move da pesquisa para a escrita?

Uno as duas coisas. Levei 13 anos para terminar de escrever meu romance sobre a história da colonização em Minas, *Minas do ouro* (Rocco). Pesquisei 120 livros. Enquanto pesquisava, criava. O difícil é encontrar o "sotaque" do texto. E o mais prazeroso é, ao final, imprimir-lhe sabor estético.

Como você lida com as travas da escrita, como a procrastinação, o medo de não corresponder às expectativas e a ansiedade de trabalhar em projetos longos?

Após milhares de textos curtos, sobretudo artigos, e 62 livros escritos, já perdi qualquer medo. Claro, ocorrem travas. Então aguardo as musas e reescrevo de outra maneira o que vinha fazendo. Nunca tenho pressa de terminar um livro. Mas como dizia Paul Valéry, um romance não se termina, se abandona...

Quantas vezes você revisa seus textos antes de sentir que eles estão prontos? Você mostra seus trabalhos para outras pessoas antes de publicá-los?

Reviso os artigos umas três ou quatro vezes. Já os livros envio os originais para amigos familiarizados com o tema da obra e que sei que farão críticas sem concessão.

Como é sua relação com a tecnologia? Você escreve seus primeiros rascunhos à mão ou no computador?

Primeiro à mão, em seguida no computador. Encaro o computador como uma máquina de escrever mais ágil... e que contém dicionário e enciclopédia.

De onde vêm suas ideias? Há um conjunto de hábitos que você cultiva para se manter criativo?

Sou movido à utopia. Trabalho com movimentos sociais e isso me estimula nas ideias. Sou crítico contundente do capitalismo e isso me norteia. Já as obras de espiritualidade decorrem de minha vivência de fé em contato com grupos cristãos, e os romances são provocados pelos anjos e demônios que me habitam.

O que você acha que mudou no seu processo de escrita ao longo dos anos? O que você diria a si mesmo se pudesse voltar aos seus primeiros escritos?

Teria mais cuidado com a revisão, menos pressa para entregá-los à edição e mais pesquisas para enriquecê-los.

Que projeto você gostaria de fazer, mas ainda não começou? Que livro você gostaria de ler e ele ainda não existe?

Gostaria de escrever um romance sobre a história das revoltas e revoluções brasileiras. Atualmente trabalho em dois outros romances, porém nunca revelo seus temas antes de terminá-los. Conservo essa superstição...

Entrevista concedida a José Nunes, para o blog A Arte da Não Conformidade, em 4 de abril de 2017: https://inunes.com

Impressão e Acabamento:
GRÁFICA STAMPPA LTDA.